MAMÁ FRENTE AL ESPEJO

MAMÁ FRENTE AL ESPEJO

Ha llegado la hora de mirarte al espejo
reencontrarte con aquella mujer que fuiste
antes de convertirte en madre.

Diany Peñaloza

Nota a los lectores: Esta publicación contiene las opiniones e ideas de su autor. Su intención es ofrecer material útil e informativo sobre el tema tratado. Las estrategias señaladas en este libro pueden no ser apropiadas para todos los individuos y no se garantiza que produzca ningún resultado en particular. Este libro se vende bajo el supuesto de que ni el autor, ni el editor, ni la imprenta se dedican a prestar asesoría o servicios profesionales legales, financieros, de contaduría, psicología u otros. El lector deberá consultar a un profesional capacitado antes de adoptar las sugerencias de este, la integridad de la información o referencias incluidas aquí. Tanto el autor, como el editor, la imprenta y todas las partes implicadas en el diseño de portada y distribución, niegan específicamente cualquier responsabilidad por obligaciones, pérdidas o riesgos, personales o de otro tipo, en que se incurra como consecuencia, directa o indirecta, del uso y aplicación de cualquier contenido del libro.

Este libro no podrá ser reproducido, ni total ni parcialmente, sin previo permiso escrito del autor. Todos los derechos reservados.

Título: *Mamá frente al espejo*
© 2019, Diany Peñaloza

Autoedición y Diseño: 2019, Diany Peñaloza

Primera edición: noviembre de 2019

La publicación de esta obra puede estar sujeta a futuras correcciones y ampliaciones por parte del autor, así como son de su responsabilidad las opiniones que en ella se exponen.

Quedan prohibidas, dentro de los límites establecidos por la ley y bajo las prevenciones legalmente previstas, la reproducción total o parcial de esta obra por cualquier medio o procedimiento, ya sea electrónico o mecánico, el tratamiento informático, el alquiler o cualquier forma de cesión de la obra sin autorización escrita de los titulares de copyright.

"Para tener sabiduría es necesario tener fuerza interior. Sin un desarrollo interno podemos perder la confianza en nosotros mismos y el valor"

- Dalai Lama.

Dedicado a ti, querida mamá, que has dejado toda una vida detrás para convertirte en lo que hoy en día eres.

Nadie podrá jamás comprender tu coraje y valentía.

Recuerda que, para poder dar a los tuyos lo mejor de ti, tú debes ser la primera en estar bien.

Ámate, cuídate, valórate y camina con fe certera.

ÍNDICE

ÍNDICE. 11
AGRADECIMIENTOS 13
INTRODUCCIÓN. 15
¿CÓMO SABER SI ESTE LIBRO ES PARA TI? 19
CONOCE A LA AUTORA. 23

1. SOY UNA MAMÁ BUENA 27
2. ¿QUÉ ES EL PODER ROJO?. 45
3. AMOR PROPIO. 53
4. AMOR EN PAREJA 87
5. AMOR DE MADRE. 121
6. AMOR EN EL ENTORNO DE MAMÁ. 151
7. LO QUE VEO EN EL ESPEJO 167
8. MAMÁ CREA EL TIEMPO 173
9. LA CLAVE 207

AGRADECIMIENTOS

Hace tan solo unos días me enteré del fallecimiento de una persona que fue un ángel en mi vida.

Es él realmente el culpable de que yo pudiera conocer lo mejor que me ha sucedido.

Carlos B., estoy tranquila porque sé que solo has iniciado una transición hacia un camino superior. Dios te ha llamado a su lado porque seguramente allá, con él, tienes mucho más por hacer.

Hoy te quiero agradecer por haberme bendecido. Descansa en paz.

También quiero agradecer a todos los que participaron como testimonios de mi libro anterior, porque habéis sido vosotros los que **le dieron alma.**

Y como siempre, agradecer a mi esposo y mi amada hija, que ahora mismo están viviendo ausencias de mi parte por pasarme escribiendo. Les agradezco su comprensión, saben que son ustedes dos mi mayor motor. Los amo.

Y finalmente a mis padres, que siguen conmigo al pie del cañón apoyándome en mis proyectos.

Mil gracias, papá y mamá, por dejarme soñar y permitirme volar. Los amo.

INTRODUCCIÓN

Amada lectora, primero que nada, permíteme felicitarte por haber adquirido este libro que no te dejará indiferente.

En este segundo tomo de la trilogía continuaremos trabajando los superpoderes para lograr una **transformación** realmente impresionante.

Si has llegado hasta aquí, seguramente ya sabes que ser mamá no es fácil, pero no tiene tampoco por qué ser una experiencia dura.

Ahora que ya has establecido una base sólida **activando tus 3 superpoderes** los cuales te permiten enfrentar cualquier tipo de dificultad.

Seguramente llevas viendo ya los resultados de activarlos o potenciarlos, según sea el caso, lo cual te ha permitido hasta ahora llevar un ritmo como mamá sin tantos altibajos.

Debes estar muy orgullosa de estar ya dominando tu papel como mamá y eso es increíble.

Sin embargo, en tu sendero hacia una crianza feliz aún queda camino por recorrer. En concreto, debes dar **2 pasos más, de los cuales** te presento el paso número 2 en este segundo tomo **y** así prepararte para dar **el tercero donde ya estarás brillando con tus superpoderes en la cima del éxito.**

Es decir, que existen **2 poderes extremadamente poderosos** que te faltan por aprender y poner en práctica.

En este libro te revelaré uno de los dos ya que no podemos querer caminar sin antes gatear, ¿verdad?

Estoy hablando del **poder rojo,** es decir, el amor en un sentido más amplio.

Sin embargo, debes ser consciente de que en la actualidad has dejado aparcada en algún rincón a aquella mujer que eras antes de ser mamá.

Simplemente porque la sociedad marca que una **"buena mamá" es madre antes que mujer.** Sin embargo, nada está más alejado de la realidad. **Una gran mujer** es la que de verdad es una **mejor mamá**, es decir, **una mamá realmente superpoderosa.**

Por lo cual, querida mamá, ha llegado el momento de parar un momento y simplemente **observar y escucharte**.

Con este nuevo superpoder trabajaremos especialmente para reconectar con tu **esencia como mujer.**

Así es, ha llegado el momento de que recuerdes a aquella mujer que eras antes de ser mamá.

Pero no bastará solo con echar un vistazo atrás, sino que deberás realmente **escuchar** qué es lo que te quiere transmitir en estos momentos y comprenderla.

Esa mujer tiene algo que decirte realmente importante y será vital que la escuches y que logres crear esa fusión.

Sí, estás entendiendo bien, debes conseguir fusionarte con ella y crear una mamá que es **madre y es mujer**.

Pero no cualquier mujer o mamá, sino una mujer y mamá feliz y realizada.

Para lograrlo yo te guiaré como siempre, revelándote los pasos que debes seguir.

Solo recuerda que la información no transforma a nadie; será lo que hagas con ella lo que lo haga posible.

Vamos, querida amiga, ¡tú puedes!

Ahora te invito a dar ese primer paso de compromiso. ¿Qué te parece si te haces una foto con este libro y la compartes en tus redes sociales?

Compártela con el *hashtag* **#lossuperpoderesmfe**

En ella escribe: "**Yo soy una mamá frente al espejo**"

Ayúdame a dar a conocer este mensaje para que muchas mamás más se atrevan a mirarse al espejo y transformar sus vidas por completo.

Creemos un mundo de mamás felices.

Porque todos estamos conectados y lo que haces tú nos afecta a todos.

La grandeza de una persona no se mide por lo que tiene, sino por lo que da.

¿CÓMO SABER SI ESTE LIBRO ES PARA TI?

Dime, ¿cada noche te vas a dormir con una sonrisa en la cara sabiendo que estás dando tu mejor versión a tu hijo/a, a tu pareja o a tu entorno cercano?

¿Te vas a la cama sabiendo que cada paso que diste te acerca a dónde quieres llegar?

Cuéntame, ¿a quién has hecho feliz el día de hoy?

Pero, sobre todo, dime, ¿cuántas veces te ves en el espejo y te gusta lo que ves?

¿Sabías que lo que ves en el espejo puede ser de vital importancia para saber si te conoces en verdad?

Las personas usualmente se miran al espejo por la mañana. Antes de salir a trabajar se peinan y repasan algunos detalles.

Las mujeres más vanidosas se maquillan y dedican un poco más de tiempo a su arreglo. A pesar de ello, este tiempo tampoco es el suficiente para mirarte de verdad.

Con este libro te enfrentaré a pararte frente al espejo literalmente, pero también a que reconozcas tu verdadero reflejo, ya que **todo lo que estás proyectando hacía el exterior es lo que hay en tu interior.**

Es por ello que, si ahora mismo tú y yo estuviéramos tomando un café juntas, podría decirte sin que me digas absolutamente nada si eres feliz o no. **Tu envoltura dice de tu interior.**

Jesús decía: "por sus frutos los conoceréis". O existe un refrán: **"Cosechas lo que siembras".**

Por lo cual, puedes ver que nada de lo que te digo es cosa de otro planeta. Simplemente intento acercarte a nuestra naturaleza como seres humanos, a que toques tu esencia de mujer porque definitivamente no es lo mismo "sentir amor" a "sentir amor de madre".

Piensa por un momento si de verdad estás siendo honesta contigo.

Respóndete si de verdad eres fiel a esa mujer en la que te convertiste con el paso de los años con tanto esfuerzo y dedicación. Esa mujer llena de sueños que un día soñó con ser mamá y de pronto su vida se **transformó** por completo.

Definitivamente, esta transformación es de vital importancia, pero la naturaleza nos transforma no paulatinamente, sino que esta transformación llega de una manera veloz y ya no para.

Por ello, en el primer tomo te preparo para que puedas crear tu base y lograr esta transformación de manera más agradable y positiva para ti y tu entorno. Pero el error de muchas madres es que hacen la transformación y sin darse cuenta, de manera totalmente inconsciente, dejan de lado su esencia de mujer.

Por ello nos centraremos en este libro a ayudarte a reconectar con tu esencia de mujer, analizando aspectos que hasta ahora creías que los tenías en cuenta y te sorprenderás al ver la falta que te hace esta conexión y fusión que conseguirás activando tu poder rojo.

Pues bien, como ya te habrás dado cuenta, el objetivo principal de esta trilogía dedicada especialmente a las madres es la de proporcionarles herramientas para fortalecer vuestro interior y de esta manera proyectar a los demás lo mejor de sí mismas.

Estos no son los típicos libros en los cuales verás los temas que puedes encontrar en cualquier artículo, blog o revista.

En cada uno de estos 3 tomos hay técnicas para que puedas trabajar y de esta manera logres un crecimiento personal que como madre es totalmente necesario.

Tú, como madre, te has convertido en una guía de alguien que confía en ti para que le muestres el camino y le dotes de las herramientas necesarias.

Pero si tú, querida amiga, estás totalmente perdida sin saber siquiera que hacer con tu propia vida, ¿cómo pretendes ser una gran guía?

Por ello he creado esta trilogía de crecimiento personal, pero no en general, sino dedicado especialmente con cuidado y cariño a las mujeres que se convierten en madres.

Así es, está dedicado con amor y cariño para ti, que estás aquí por un gran motivo, que es el de ser esa mamá superpoderosa, de la cual su hijo/a se sentirá muy orgulloso/a.

Gracias por estar aquí porque sé que todo lo que aquí aprenderás te ayudará a bendecir tu vida y la de toda tu descendencia. Pero, sobre todo, gracias porque estamos creando juntas un mundo mejor.

CONOCE A LA AUTORA

El ser humano siempre ha tendido a querer engañar su propia mente, menospreciando el poder y la grandeza de esta.

Con este intento de ocultarse ante sí mismo, ha configurado auténticos laberintos emocionales para ocultar la propia esencia.

Soy Diany Peñaloza, autora de la trilogía *Los superpoderes*, la técnica que está revolucionando la manera de ser madre; y no porque esté hecha de información nueva, sino porque está creada con especial cariño y dedicación a las madres. Esta técnica es fruto del amor de una madre, del dolor que pasó una madre, de la manera de enfrentarse. Es resultado de una exhaustiva investigación leyendo más de 200 libros buscando una solución verdadera.

Cuando eres madre ves a la mujer que fuiste alejarse cada vez más y más de ti. Llega un momento el que ya no sabes ni quién eres. No te reconoces, no sabes qué está pasando y la gente de tu alrededor no tiene la menor intención de ayudarte.

Y es que nadie puede detectar tu verdadera transformación mejor que tú misma.

Busqué ayuda en mis libros de psicología, en los cuales solo encontraba aspectos sobre el desarrollo evolutivo de los niños, que como madre está muy bien conocerlos y así tener más paciencia en cada etapa. Encontré técnicas para los berrinches, que tampoco están mal, y para reducir un poco el estrés que generan. Me acerqué al yoga, a la meditación, practiqué *Mindfulness*, estudié unos cursos de Ho' oponopono, libros y seminarios sobre la ley de la atracción, pues pensaba que con ella atraería una vida más feliz.

Pero, poco a poco, me fui dando cuenta de que todo estaba muy bien, aunque escuchara decir: "Es igual que tengas hijos, tú puedes". Llegué a la conclusión de que sí, es cierto que las madres podemos lograr un despertar e incrementar nuestra felicidad para ser mejores personas, esposas, madres, etc., pero que los consejos sin duda no podían ser ni por asomo los mismos.

Llegué a la conclusión de que un hombre o mujer que no es padre o madre no pueden ni podrán decirte cómo lograr superarnos. Es muy fácil desde fuera que nos digan: "Levántate cada día de madrugada, tú puedes", cuando apenas en la madrugada estás cerrando el primer ojo. Y no porque no querías, sino porque tu trabajo como madre no tiene descanso.

Por esto pensé: ¿quién mejor que una madre para decirte "no importa que madrugues, de día o de noche podrás hacerlo"?

Con mi ejemplo y resultados quiero decirte: tú puedes lograr todo lo que te propongas en el sendero de la maternidad y en tu sendero en la vida.

Con el corazón en la mano te digo que se puede porque yo lo he vivido y de la manera más pura y natural posible.

Ya que como te comenté en el primer tomo, yo no tengo la dicha de tener a mis padres cerca ayudándome, yo lo hago sin esta ayuda bendita. Por ello, recuerda dar gracias si tienes a tu lado a tus padres.

Gracias padre amoroso, mi dios, amor incondicional, universo creador porque tus decisiones siempre son perfectas.

CAPÍTULO 1

SOY UNA MAMÁ BUENA

Pues bien, tal como hemos explicado en el libro anterior, no importa tu sello personal de ser mamá. Mientras lo hagas consciente de tus superpoderes, haciendo lo que tú crees qué será mejor para él o ella, estarás haciéndolo bien.

Sin embargo, debes de tener presente que, en tu afán por cuidar de la mejor manera a tu bebé, puede que olvides tus propias necesidades, aquellas que eran más sencillas de satisfacer antes de la llegada de tu hijo/a.

Y en esto tendrá que ver mucho la sociedad, ya que esta ejerce una gran presión sobre lo que considera que debes o no hacer.

Deberás tener mucho cuidado con esto ya que el papel de **"madre buena"** que la sociedad marca no es precisamente la más adecuada ni para ti ni para tu hijo/a.

Sabemos que para la sociedad la mujer deberá sacrificar sus metas, deseos y tiempo para cumplir con este rol.

Si te sacrificas para ellos estarás haciendo lo correcto y ante los ojos de todos estarás siendo una **"buena mamá"**.

Dicho de otra manera, para ellos **el orden es invertido**. Primero deberás ser una **"buena mamá"** para considerarte una "**buena mujer**".

En conclusión, **olvidar que eres mujer**, así de claro.

HABLEMOS CON SINCERIDAD

¿Realmente continuar de esta manera te hace feliz?

Sé sincera, no te mientas a ti misma diciendo lo mucho que te gusta cuidar a tu hijo/ y lo rápido que pasa cada etapa infantil.

Debes ser consciente de que es cierto que el tiempo al lado de tu hijo/a debes disfrutarlo porque no se repetirá, por lo cual deberá ser tiempo de calidad.

Pero también tu tiempo en este mundo pasará o está pasando rápido.

Y todo lo que no hagas ahora, quizá mañana sea demasiado tarde.

Contesta honestamente.

¿De verdad disfrutas viendo como otras mujeres realizan todos sus sueños, mientras tú las ves pensando que tú no puedes solo porque eres madre?

Y si te dijera que hay millones de mamás en el mundo, con un cuerpo envidiable, con un trabajo que aman, un marido guapo y maravilloso y que han dado a sus hijos educación y amor de madre de calidad…

Pregúntate por un momento, ¿qué hacen ellas que tú no?

Y no me vengas, por favor, con las típicas excusas.

Veamos a **Jennifer López**. Está considerada como una de las mujeres más exitosas a nivel profesional, trabaja en lo que ama, tiene un cuerpo muy trabajado y además es madre.

Si la ves superficialmente podrías pensar cómo piensan la mayoría de **madres mediocres,** es decir, aquellas que piensan que hay personas a las que les llueven las bondades del cielo de la nada.

Ese tipo de madres mediocres tienen el defecto de medio creer, medio soñar, medio hacer... En resumen, son "**medio todo".**

Lo primero que les viene por la cabeza es justificar su mediocridad con pensamientos que las hace sentir mucho mejor.

Y entonces expresarán cosas como: "Claro, es que ella tiene gente que le haga todo", "Si yo tuviera sus millones estaría igual" o "Se ha operado, nada es natural".

Para un momento, respira y dime: ¿de verdad crees que esto es cierto?

La realidad es que **Jennifer López** es una mujer que viene de un nivel económico más bien bajo y posee un cuerpo fortificado debido a que desde niña ha sido disciplinada. Así es ella en su libro *Amor verdadero*. Explica cómo cada mañana antes de ir al colegio corría mucho, incluso comenta haber asistido a maratones ya que, según sus palabras, le gustaba la velocidad y tener metas.

Jennifer López acudía también a clases de baile, siendo esto último su más grande pasión y todo esto sin dejar de asistir a sus clases del cole.

Así es, detrás del **producto final** que tú ves como una mujer espléndida y maravillosa, hay mucha **disciplina y esfuerzo** de años.

Detrás de una mujer como ella hay mucha **constancia** y sobre todo una **mente brillante**. Así es, ¿o acaso no sabes que, aparte de bailarina, cantante y actriz, también es empresaria de éxito con una infinidad de productos desde ropa, zapatos o imagen de muchas marcas en todo el mundo?

¿De verdad te sigues creyendo la historia de que una mujer guapa es tonta? Allá tú si quieres pensar eso.

La realidad es que detrás de una mujer guapa y exitosa hay, sin duda, una **mente brillante.**

¿Te ha pasado que conoces a un hombre guapo, pero una vez abre la boca te dan ganas de salir corriendo?

Pues lo mismo pasa con la mujer. La mujer se ve guapa si es inteligente y demuestra usar su temperamento a su favor.

¿Te ha pasado que has visto a una amiga que de niña te parecía poco agraciada o que destacaba poco, y ahora de grande es muy hermosa y exitosa?

Esto es porque lo que vemos en el exterior es un reflejo de nuestro interior.

Así que, volviendo al ejemplo de Jennifer López, por supuesto que tiene mucho personal que la asiste en la actualidad y posee el nivel económico para hacerse tratamientos y verse siempre joven.

¿De verdad te piensas que, si ella hubiera estado rascándose la panza en el sofá en su departamento en el Bronx, ahora estaría así?

No te engañes, sabes perfectamente que lo que debes hacer es dejar de ponerte mil excusas y no quedarte atrapada en tu papel de **mamá víctima** del que hablamos en el tomo anterior.

Te lo recuerdo porque para que logres obtener un cambio de verdad deberás tener presente todo lo que estamos trabajando.

Son 3 los pasos para lograr una verdadera transformación y ser una mamá realmente superpoderosa.

Si aún no tienes el primer tomo entra ahora mismo a **http://www.dianypeñaloza.com** y adquiérelo. No importa si no lo compraste porque no te consideras mamá primeriza y hay cosas que juras que ya sabes.

Te sorprenderás con lo mucho que puedes mejorar tu vida actual en todos los aspectos trabajando los 3 superpoderes del primer tomo.

Recuerda que debes ir trabajando paso por paso para lograr volverte poderosa e invencible.

MAMÁ EN ZONA DE CONFORT

Zona de confort: aparente estado de comodidad que te lleva a la muerte en vida.

Anónimo.

Pues bien, ya hemos visto que muy probablemente en estos momentos estés viviendo una etapa en la que has creado ya una **zona de confort de mamá.**

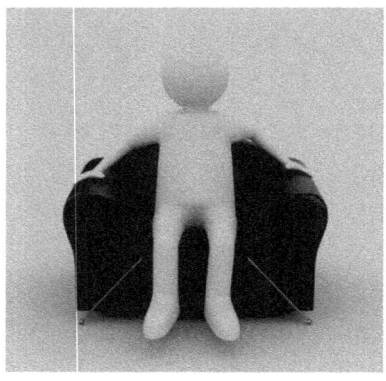

¿A qué me refiero con esto? Tu zona de confort es aquello dentro de ti que te impide tener nuevas experiencias y conocerte más a ti misma por el miedo que supone enfrentarse a una situación diferente. Es como si no te reconocieras a ti misma.

Es mucho más fácil dejar de lado a la mujer que fuiste antes y concentrarte en ser única y exclusivamente mamá, porque de esta manera usas tu nuevo papel de madre como una excusa que te ayuda a sentirte mejor.

Y no es malo que tu intención sea ser una gran mamá, lo malo es que para lograrlo te abandones como mujer y como persona.

Actuar de esta manera solo te dará una satisfacción inmediata, pero a largo plazo esto te puede costar muy caro.

Y es que no escucharte a ti misma te puede llevar al mismísimo infierno.

Y ojo, no te estoy hablando sobre si es mejor la madre que sale a trabajar o la que prefiere ser ama de casa. Estoy hablando de ti como mujer en general.

De manera más clara y sencilla me refiero a si, aparte de ser madre, te dedicas un tiempo para ti y para tu crecimiento personal.

¿Haces actividad física? ¿Tienes tiempo de tomar un café con alguna amiga? ¿Eres la mujer que siempre soñaste a pesar que eres madre?

Si la respuesta a todas las preguntas anteriores es sí, felicidades. Estás siendo la mejor versión de ti misma y tus hijos tienen en ti un gran ejemplo.

Por lo tanto, estás educando personas encaminadas a ser fieles a sus valores y que no permitirán menos en la vida de lo que merecen.

Si una de las respuestas es no, ¡cuidado!

No solo no estás siendo la mejor versión de ti misma, sino que estás dando un ejemplo equivocado a tu hijo/a y esto podrás lamentarlo en el futuro.

TOMANDO CONCIENCIA DEL PRESENTE

En esta segunda etapa como mamá tu hijo/a va ya a la guardería o ha iniciado incluso ya el kínder o parvulario. Quizá estés practicando enseñanza en casa como el **homeschooling** del cual hablamos en el tomo anterior en más profundidad.

Ya has padecido la **salida de los dientes,** etapa que se inicia aproximadamente entre los 4 y 7 meses.

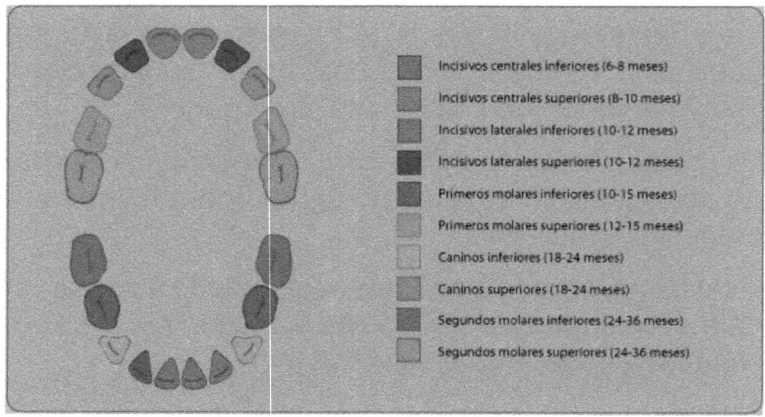

Esta etapa suele ser realmente muy pesada pues causa tanto dolor en los pequeños que les altera constantemente su estado de ánimo. Deberás ser muy paciente y cariñosa porque recuerda que lo está pasando realmente mal.

Así que, de pronto, tu bebé que hace unos instantes era un sol, de un segundo a otro llorará desconsoladamente por el dolor.

Aún recuerdo que en el día del bautizo de mi hija se pasó llorando toda la comida porque le dolían los dientes y el día de su *Smash cake (*es decir, una sesión de fotos que se suele hacer al primer año en donde los bebés juegan a destrozar un pastel) también le dolían mucho.

Tanto, que en todas las fotos sale con carita triste. Y qué decir de todas esas veces en las que nos apetecía ir de restaurante y había que rezar para que los dientes no le empezaran a doler. Como le iniciará el dolor en pleno restaurante no había poder humano que la pudiera consolar.

Pero lo más duro de esta etapa, como padres en general, considero que son las noches, porque muchas veces el dolor no les permite dormir y tú como mamá sabes que sufre y quisieras de corazón ayudarle. Y, ¿por qué no? También quisieras dormir.

Recuerdo tener siempre a mano el gel que venden en la farmacia (gel especial para calmar el dolor), dos mordedores que se guardaban en el congelador para desinflamar y, sobre todo, querida lectora, siempre tuve activado mi **poder rosa** para brindarle toda mi comprensión con amor. Y, obviamente, escuchaba mi **poder verde** con el cual sabía perfectamente que lo que le pasaba era lo de los dientes.

Ambos superpoderes a estas alturas ya deberías tenerlos dominados.

Una de las señales que yo recuerdo que me ayudaban a saber que le salía un diente nuevo era el hecho de notarle unas décimas más de **febrícula y deposiciones tipo diarrea.**

Sin embargo, muchas veces los llantos se iniciaban antes de estas señales, por ello debes ir con todos tus superpoderes realmente **activados y potenciados.**

Pues bien, es por eso que sé que ya has podido activar en muchas ocasiones el poder rosa para ponerte en su lugar y ver que no hace berrinches porque le guste hacerte la vida imposible, sino porque **está**

creciendo y hay cosas que le duelen como la salida de los dientes.

> Crecer duele, por ello verás a lo largo de este libro muchas cosas que quizá sientas ganas de evitar hacerlas por no salir de tu zona de confort y evitar ese "dolorcito" que lastima por un momento, pero que a la larga te llevará a sentir un gran placer en tu vida.

Y siguiendo con cosas que puedes estar viviendo en tu momento presente, es probable que estés ya viviendo la etapa de introducción de alimentos sólidos o bien ya la hayas pasado.

Ya en el tomo anterior de esta trilogía te recomendé un libro para llevar a cabo esta etapa con éxito. Espero que hayas podido adquirirlo, o bien algún otro libro dedicado a la alimentación de bebés de 0 a 3 años y que pueda haberte servido de guía para darle una alimentación adecuada desde sus primeros años de vida.

Si lo haces de manera consciente tendrás unos resultados excelentes. Cabe destacar que esta etapa se junta con la salida de los dientes y esto también **influye** a que vaya mejor o peor.

Recuerda activar tu **poder rosa empático**. Siempre que lo necesites actívalo, pues este te permitirá no subir los niveles de estrés por cosas que sabes que son normales que ocurran y que si fueras tú quien viviera esos momentos actuarías de forma similar.

No olvides practicar tu meditación del poder rosa constantemente.

Como ves, todas las etapas comportan una diferente adaptación de tu parte. Ser madre es un constante aprender; un curso intensivo que la vida te regala en forma de bendición pues aprenderlo de la mano de tu hijo/a es realmente una gran bendición.

Otra etapa que suele ser de gran preocupación como madre es el momento de finalizar la lactancia materna. Es decir, el tan famoso **"DESTETE"**.

Hoy sabemos que no existen razones científicas por lo que se deba recomendar dejar la leche materna a una determinada edad. Cualquier recomendación sobre una edad óptima de destete está basada en opiniones personales, teorías no contrastadas empíricamente o simples prejuicios.

El momento ideal tan solo lo conoceréis tú y tu bebé.

En cualquier caso, de ser posible, es preferible un destete gradual a un destete brusco. Este último puede generar ingurgitación mamaria (pechos hinchados, duros y doloridos) e incluso algunas obstrucciones como mastitis o abscesos (inflamación e infección más o menos severa del pecho tras disminuir el drenaje), que no ocurrirían si se permitiese la adaptación de la mama a una disminución progresiva de la succión, como ocurre durante el destete gradual (a menor succión, menor producción, hasta que esta cesa por completo).

Desde un punto de vista emocional, el destete gradual también es más fácil para el niño.

En el primer tomo de esta trilogía te comenté que mi niña lo estaba iniciando y quiero decir que ahora **¡sí puedo cantar victoria!**

> **¡Lo hemos conseguido!** Te recuerdo que en mi caso tiré del **"método papá al rescate":** a la hora de dormir, que era la toma que más me costó eliminar, mi marido le ofrecía sus brazos para dormir juntos.

Y realmente funcionó con gran éxito.

Así que no tengas prisa, haz oídos sordos a aquellos que te quieran presionar. El final de esta etapa maravillosa y beneficiosa para ambos tan solo lo deciden tú y tu bebé.

Y retomando el tema de **los berrinches**, ya has visto que hay de diferentes tipos: los de salida de dientes, los de hambre, los de llamada de atención… Seguramente ya estarás viviendo esa época un poco **autoritaria** en el cual **reafirman su "yo"** e intentan siempre decidir hasta cómo se quieren vestir.

¿Te ha pasado que se te hace tarde para ir al trabajo o algún lugar en concreto, pero no les da la gana despertar?

Ya habrás vivido que un día intentarás vestirlo/a y simplemente te tirará una patada voladora y no lo permitirá.

Espero de corazón que estés activando tu **poder rosa empático** para esto ya que la principal función de este poder es precisamente este.

Muchas veces las madres sí activan su empatía y comprenden la situación. Se mantienen en calma, pero por dentro sienten un gran dolor al suponer que el hecho de que sus hijos les hagan berrinches o rabietas sea culpa de ellas.

Si tuvieras este pensamiento, tan solo puede provenir de un solo lugar de tu "ego" y por lo tanto tan solo estarás dentro de tu rol de "mamá víctima".

Entonces lo ideal es reconocer que no eres incapaz de ayudarle, sino que, al contrario, tienes la fuerza y capacidad suficiente para hacerlo. Recuerda que por algo te ha escogido como madre.

Esto es para las mamás que se niegan a reconocerse como poderosas, por no querer aceptar en su vida una parte más espiritual. Sin embargo, por eso he realizado para ti, con todo mi cariño, tres libros para ayudarte a conseguir este despertar y obtener los beneficios que te pertenecen.

Así pues, si lo que sucede es que sientes que la situación se te va de las manos, y ya con tu poder rosa activado, mi primer consejo es que acudas a un psicólogo/a infantil, el cual te puede indicar qué pasos puedes seguir para ayudarle.

Recuerda que a los niños y niñas les cuesta mucho más que a nosotros controlar sus emociones. Muchas veces no saben cómo expresarse y lo hacen "como Dios les da a entender". Tú, como mujer que eres, ya estoy segura de que si no activas tus poderes interiores tampoco podrías controlarlos y sabes perfectamente que en ese momento de descontrol te encantaría que tu entorno se pusiera un poquito en tu lugar y no te juzgara.

Actividades

A continuación, te recomendaré dos actividades sencillas a manera de orientación para que puedas llevarlas a cabo con tus hijos en caso de presenciar un momento en el que no sepa controlar su ira.

Primero que nada, los niños deben aprender a identificar sus emociones y para ayudarlos una excelente herramienta son los cuentos por su alto valor educativo.

Existe un cuento titulado *El monstruo de los colores,* de Anna Llenas, y es un cuento que ayudará sin duda alguna a los más pequeños a reconocer sus emociones de una manera divertida.

Por otro lado, hay una actividad que a mí especialmente se me hace linda para enseñarles a controlar la ira, qué es esa emoción y que el niño/a aprenda que lo que le pasa es normal, pero que existe una manera para sentirse mejor y no solo llorar y gritar.

LA CAJA DE LA IRA

Esta actividad fue creada por la psicóloga Marina Martín para ayudar a los niños y niñas a autocontrolarse.

Es un método muy efectivo y al mismo tiempo divertido.

Consiste en explicarle al niño o niña un cuento. Marina Martín se basó para esto en el cuento *Vaya Rabieta* de Mireille d'Allancé.

En el cuento el protagonista, Roberto, un niño con un mal día ante la imposibilidad de calmar su sentimiento de ira, la deja salir de su interior. Así, la ira aparece identificada como un **monstruo que sale del interior**

del niño y que arrasa con todo: deshace la cama, desordena la habitación, rompe cosas…

Hasta que, llegado el momento, Roberto se da cuenta del desastre de su alrededor y **decide remediarlo**. Vuelve a ordenar su cuarto, a hacer la cama y, conforme va solucionando aquello que había desmoronado su monstruo interior, este se va haciendo más pequeño hasta caber en una caja.

Acto seguido, se le invita al niño/ a pintar en un papel en blanco su propio monstruo guiándole para que pinte cada detalle de este.

Ojos, nariz, boca, estatura… Todo. Una vez al niño/a, finalizado su dibujo, se le entrega una caja (puede ser una caja de zapatos forrada) y se le pide arrugar con todas sus fuerzas a ese monstruo de la ira y dejarlo dentro de la caja.

De esta manera sabe que ya no le ocasionará más problemas.

Como ves, es una manera fantástica para ayudarlo/a además de que al mismo tiempo te ayudas tú como madre. Recuerda que cada acción en esta vida, buena o mala, se nos es devuelta. Y el solo hecho de convertir un momento incómodo en un momento madre e hijo/a divertido en el cual ambos aprenden a controlarse es fantástico.

Tú también has aprendido, pues el solo hecho de ver esa rabieta del día en una OPORTUNIDAD para iniciar esta actividad y proporcionarle todo lo necesario es una señal de que tú estás controlando tus emociones también. Y lo haces de manera tan efectiva que tienes la fuerza para ayudarle ahora a tu hijo/a en su aprendizaje.

Si lo realizas no dudes en compartirme una imagen de ese momento maravilloso tan lleno de bendición.

Recuerda compartirlo con el *hashtag* #losuperpoderesmf

En resumen, recuerda no tomarte las cosas personales y entiende la postura de tu bebé, que está pasando por muchas etapas y cambios al igual que tú.

También para ellos todo es nuevo. Ellos tampoco saben cómo reaccionar adecuadamente a todos los cambios por lo cual tú tendrás esta gran ventaja. Tu sí que tienes ahora mismo en tus manos una guía sobre cómo controlar tus emociones y cómo usar tus poderes interiores a tu favor en cada una de estas etapas.

¡Muchas felicidades!

Yo, querida amiga, creo en ti, y si has llegado hasta aquí es porque de verdad tu intención es lograrlo.

Sin embargo, debes recordar que lograr dominar todos los cambios y sentirte a gusto por fin con tu nuevo papel como mamá no debe hacerte sentir como alguien que corre una competencia, llega a la meta y ya no quiere ver que más allá de la meta. Existe un camino lleno de nuevas oportunidades.

Así que, aunque creas que ya has llegado y lo sabes todo, tú déjate llevar y camina con fe certera.

Antes te he explicado un poco sobre la zona de confort y pensarás firmemente que no estás dentro de ella solo porque eres mamá y haces 100 veces más cosas que las que hacías antes.

Por lo cual ya nada de lo que ves te espanta ni te altera, según tu propia percepción, claro está.

Sin embargo, es probable que dentro de esta comodidad estés dando de lado a tu verdadera esencia como mujer.

Y créeme, si esto está pasando entonces tu vida actual no es ni mínimamente feliz. Sin conocerte te lo puedo asegurar, porque no existe una persona que pueda dar algo que no tiene dentro.

Es así de sencillo. No puedes hacer creer a los demás que estás dando lo mejor de ti a tu hijo/a si no estás siendo tú la mejor versión de ti.

Lamentablemente, para demostrar que no estás dentro de esta zona de confort deberás trabajar mucho fuera de ella y posiblemente te sentirás incómoda, pero ya te digo yo que el sabor de la recompensa es **muy dulce.**

Debes tener el valor de ser la que eras antes, en una versión totalmente renovada.

Es decir, seguir siendo tú y ser mamá, ¿crees poder?

Contesta.

_____

¡Venga que sí puedes!

Hazme un favor, pero sobre todo háztelo a ti misma.

Tómate una foto con tu respuesta con el *hashtag* **#lossuperpoderesmfe**

¡Y muéstrale al mundo de que estás hecha!

CAPÍTULO 2

¿QUÉ ES EL PODER ROJO?

A continuación, te voy a presentar un poder del cual no puedes negar su efectividad. Sin embargo, seguramente muchas veces das por hecho que lo tienes activado cuando la realidad es que no lo estás usando ni medianamente bien.

Nuevamente mi manera de trabajarlo será relacionándolo con un color, ya que como bien sabes, para mí es importante que lo puedas visualizar.

Te estoy hablando del **poder del amor**, concretamente el amor de mamá.

En el libro anterior te lo presenté para activarlo de manera diferente, a través del **poder rosa,** y te mostré una manera de amar relacionada con ponerte en el lugar del otro (es decir, la empatía) ya que era de vital importancia para evitar actuar de una manera que pudiera afectar a alguna persona de tu entorno, y por lo consiguiente a ti.

Tal y como vimos, lo que haces a otra persona se regresa a ti sea malo o bueno.

Es la ley de causa y efecto; todo aquello que demos se nos devolverá. Si damos paz viviremos en tranquilidad y si generamos discordia nuestra vida será una guerra.

"Lo que siembres es lo que cosecharás".

En el tomo pasado te comenté que todo esto es de vital importancia para estar tranquila y amorosa dando lo mejor de ti a tu hijo/a.

Pues bien, el amor como bien debes saber es muy amplio y no se limita al **poder rosa.**

Esta vez te voy a presentar un único poder del cual hablaremos en todo el libro el **poder rojo.**

> **El poder rojo es el amor en toda la extensión de la palabra.**

Es importante que tomes conciencia de él y de su gran poder para usarlo a tu favor.

Pero primero, respóndeme a esta pregunta

¿SABES REALMENTE QUÉ ES EL AMOR?

A continuación, voy a compartirte dos definiciones diferentes sobre el amor y quiero que por favor las analices y saques tus propias conclusiones.

"El amor es la vibración más bella y sutil, que nos da energía y nos mantiene con espíritu de lucha para trascender"

— Louise Hay.

Louise Hay nos habla en esta definición del amor sobre **vibración y energía**.

Así pues, vemos que si eres una persona que **vibra en amor su energía será más elevada**. Por lo cual, te sentirás más fuerte para lograr todo aquello que te propongas en este caso.

Si tu meta es ser una mamá superpoderosa y estás vibrando en amor, tu energía irá concentrada solo en conseguirlo. El resultado es un éxito asegurado.

Veamos esta otra definición más antigua y que es esencial para mí como tu guía en este camino.

"El amor es paciente, es bondadoso. El amor no es envidioso ni jactancioso, ni orgulloso. No se comporta con rudeza, no es egoísta, no se enoja fácilmente, no guarda rencor. El amor no se deleita en la maldad, sino que se regocija con la verdad. Todo lo disculpa, todo lo cree, todo lo espera, todo lo soporta. El amor jamás se extingue"

- Corintios 13:4-8ª.

Bien, todo lo que aquí se describe son adjetivos que tu podrás ver reflejados en una persona que conoce y practica el amor.

Sin embargo, durante muchos años esta definición ha sido mal interpretada por la gente.

Veamos que, si bien es cierto todo lo que aquí se comenta, también es cierto que esto no es una justificación para permitir cosas que no deben ser.

Lo primero que debes de tener claro es que **el amor inicia por ti mismo**, por lo cual todo lo que se describe debes sentirlo primero por ti y luego podrías aplicarlo con el resto.

Por lo cual, el sentido del amor verdadero no es aguantar ni sacrificarte a ti. Quiero que lo tengas muy claro.

Porque una cosa es que **"todo lo soporta"** en el sentido real, un poder de **"fuerza"**. Es decir, que tú con el amor podrás llegar a conquistar el mundo entero. Otra cosa es que le cambies totalmente el sentido y creas que es tu gran **justificación para olvidarte** o para anteponer las necesidades de los demás antes que las tuyas, y solo porque no lo estás entendiendo debidamente.

Veamos pues que **el amor no es egoísta**, por lo cual con la primera persona con la que no debes serlo será **contigo misma**.

Conocerlo, sentirlo y entregarlo a manos llenas será la clave de tu poder rojo.

SIGNIFICADO DEL COLOR ROJO

Veamos un poco el **significado del color rojo,** el cual nos servirá de anclaje para visualizar este poder interno tan potente y maravilloso.

El rojo simboliza el amor (en el sentido más erótico). De ahí que se regalen rosas rojas, que los corazones se pinten de ese color y que sea el color por excelencia cuando llega el día de San Valentín. Al ser un color llamativo, el rojo también significa atracción, fuerza, vida, valentía y vigor.

Hemos visto el significado atribuido al color rojo a nivel general. Ahora veamos su significado en diferentes regiones del mundo ya que el simbolismo de dicho color puede variar en diferente medida. Por ejemplo, en China es visto como un **color de buena suerte y larga vida**, siendo habitual su uso en celebraciones para atraerlas.

En la India se asocia al **matrimonio, la fertilidad, la pureza y el poder**. Suele usarse en bodas, siendo un color asociado a los ropajes de la diosa Lakshmi (diosa de la buena suerte, la belleza y la riqueza).

Ahora que ya hemos conocido un poco más sobre los diferentes significados que tiene este color, vemos que es un color con mucha fuerza y tan **potente como el amor,** al cual vamos a relacionarlo.

Como bien sabes, en la técnica de los superpoderes invitamos a los colores a trabajar también a nuestro favor ya que es una manera fácil de poder visualizarlos y nos brinda mucho más beneficio y rapidez al momento de quererlos activar.

Sin embargo, para lograr usar el poder rojo o del amor deberás saberlo usar de verdad.

Tal y como te comenté anteriormente, a lo largo de los años se ha malinterpretado su sentido verdadero, lo cual solo ha llevado (especialmente a las mujeres) a vivir una vida sacrificada y a la que no lo hace, a vivir con una culpa que no es nada sana.

Iniciaremos trabajando poco a poco sobre él de manera que logres entenderlo de verdad y no a tu convenientemente manera de seguir en tu zona de confort.

Debes entenderlo con su verdadero significado, aquel que primero de todo te ama a ti y te llena de ese sentimiento puro y fuerte para poderlo entregar de la mejor manera con los tuyos.

Pero antes, debes entender que tendrás que trabajar duro para conseguirlo y sobre todo huir de dejar las cosas para después.

¿PROCRASTINADORA?

"Solo existen dos días en el año en que no se puede hacer nada. Uno se llama ayer y otro mañana. Por lo tanto, hoy es el día ideal para amar, creer, hacer y principalmente vivir"

- Dalai Lama.

Pues bien, he querido hablarte un poco más sobre la importancia de no postergar, pues es un gran error que cometemos la mayoría de los seres humanos. Es decir, **"no dejes para mañana lo que puedas hacer hoy"**.

Veamos primero si sueles ser tú una procrastinadora.

Los procrastinadores suelen usar la frase "yo me desempeño mejor bajo presión", por eso dejan que el trabajo se les acumule hasta el final. Pero tarde o temprano descubren que esta es solo una justificación para acabar "no haciendo" o "no cumpliendo" con lo que deberían terminar o entregar.

Seguramente pensarás que como madre de familia es imposible serlo ya que debes hacer todo al momento para tus hijos. Pero déjame que te cuente que eso no quiere decir que no lo seas. Me refiero a todo aquello que sabes que deberías estar haciendo, también aquello que te gusta y estás dejando de lado por falta de amor propio.

De ello te hablaré detenidamente en el capítulo siguiente. Lo que estoy por revelarte en las siguientes páginas podrán cambiar totalmente tu manera de ver el amor y con esta toma de consciencia tan solo podrás disfrutar de bendición infinita.

¿Estás lista?

CAPÍTULO 3

AMOR PROPIO

"Si no tienes amor propio ¿a qué amor puedes aspirar?"

- Walter Riso.

Ha llegado el momento de empezar a trabajar tu poder rojo.

Para ello debemos iniciar por la base de todo; por el amor que te tienes a ti misma.

Seguramente me dirás "Diany, ¡pero por favor! ¿Cómo no me voy a querer si soy yo?".

¿Has visto lo ridículo que se ve escrito? Pues igual de ridícula es la gente que da por hecho que se ama a sí misma solo porque son ellos.

La realidad es que entre el 8 % y 15 % de la población mundial sufren depresión, siendo las mujeres las que lo padecen el doble y las estadísticas arrojan que son debido a su baja autoestima.

¿Sabes por qué es esto?

¿Recuerdas qué escuchabas de pequeña en tu casa o en casa de tus abuelos sobre cómo debían ser las mujeres?

Escuchaste alguna vez cosas como: "la mujer debe ser de su hogar, saber lavar, planchar…, o no sirve", "la mujer debe ser mujer de un solo hombre o es una mujer de mala reputación, "la mujer debe cuidar a los hijos y al marido y hacerles todo en casa o es mala", "la mujer que sale mucho está mal vista", etc.

Te cuento una anécdota. De pequeña mi mayor sueño era ser una cantante muy famosa.

¿Has escuchado un disco mío? Pues bien, yo en mi casa cuando expresaba mi mayor sueño escuchaba frases como "cantar no es una carrera", "las mujeres inteligentes deben estudiar", "las cantantes son unas prostitutas"…

¿Aún te extraña que no hayas escuchado mi disco?

Pues lo mismo sucede desgraciadamente con las mujeres. Venimos arrastrando una discriminación de género de generaciones y aunque ya se ha avanzado mucho, hay creencias que se han ido transmitiendo y que siguen ahí.

Es igual que lo hayas escuchado en tu casa, la escuela o el vecindario. De igual manera se ha quedado grabado en tu subconsciente y ojo, eso es realmente importante.

Recordemos que la mayoría de nuestros pensamientos vienen de aquí y que somos lo que pensamos.

Es por ello que puede ser que ahora mismo no te estés amando como debas, pero simplemente no eres consciente de ello.

Por eso, vamos a realizar un ejercicio de manera que puedas tener una idea de cómo están tus niveles de amor propio.

Si los resultados son óptimos o no, de igual manera te recomiendo que trabajes con él. Una dosis extra de amor no te vendrá nada mal.

EJERCICIO

Ha llegado el momento de hacerle honor al título del libro. Así es, es hora de que mamá se pare frente al espejo.

Para este ejercicio necesitarás un espejo (a ser posible de cuerpo completo), una libreta especial a la que quiero que le pongas en la portada la palabra "AMOR" y un bolígrafo para que puedas apuntar en ella tus respuestas.

Empezamos:

Primero que nada, párate delante del espejo y échate un vistazo a todo tu cuerpo, un vistazo rápido.

1. Dime: ¿te gusta cómo vas vestida el día de hoy? Anótalo en tu libreta de respuestas. Describe detalladamente qué te gusta y qué cambiarías.
2. ¿Te gusta tu cuerpo? Aquí no quiero que te justifiques, sé sincera. Ante tus ojos, ¿este cuerpo es el ideal?
3. ¿Te gusta cómo llevas el pelo?
4. Dime, ¿te ves feliz?

5. ¿Te ves descansada?
6. Mírate a los ojos, ¿te reconoces?
7. Salúdate, obsérvate por un instante y pregúntale a esa mujer que vive dentro de ti: ¿es feliz?
8. Mírate nuevamente a los ojos, mira el color, su brillo... Esta mujer que está dentro, ¿puede contar contigo?
9. Repite con tu nombre y di: **TE AMO, CUENTA CONMIGO. TE AMO Y NO TE FALLARÉ. TE AMO, ESTOY AQUÍ PARA TI.**
10. ¿Ha sido difícil decirte estas últimas palabras?

Si has respondido a todas las preguntas de manera favorable significa que estás a gusto con todo. ¡Muchas felicidades!

Si por el contrario una sola cosa es contestada de manera desfavorable, ya tendrás una primera señal que te está alertando de que estás dando de lado a tu esencia de mujer.

La parte número 9 es en la cual te indico hacerte afirmaciones positivas. Es importante, ya que si tienes tu amor propio desgastado te costará mucho pronunciar esas palabras. Si por el contrario las repites con facilidad es que vas por muy buen camino. ¡Continúa así!

Te recomiendo, de igual manera, que repitas el ejercicio una vez al mes durante un año. Te ayudará a llevar un control de tus avances.

Recuerda que, si quieres de verdad ver un cambio positivo en ti y ser una mamá superpoderosa, deberás trabajar para lograrlo.

No basta con solo decir "ya lo haré".

A continuación, veremos **5 aspectos** importantes a trabajar con tu **poder rojo** y relacionado al **amor propio.**

Pues bien, una vez ya has aceptado que necesitas hacerlo no tiene nada de malo, porque, aunque tus respuestas sean favorables, es importante trabajar con tu amor propio **toda tu vida.**

AUTOCONOCIMIENTO

Es la capacidad de introspección y la habilidad de reconocerse como un individuo, diferenciándose de su medio y otros individuos.

En el ejercicio anterior has podido observar la importancia de estar a gusto con tu cuerpo. Pero, para de verdad saber si lo estás deberás primero tener conciencia de cómo es tu cuerpo en realidad.

Estamos hablando de que tu cuerpo es realmente muy especial ya que has sido una de las escogidas de Dios o del universo para dar vida.

Recuerda que el hecho de ser mujer no es garantía para ser madre, ya que hoy en día muchas mujeres padecen de infertilidad.

Sin embargo, si estás leyendo este libro es porque eres una de las elegidas. Has podido experimentar la grandeza dentro de tu cuerpo de crear vida. Has vivido una experiencia única y maravillosa. Así es, he dicho **"única"**, porque si tú le preguntas a tu mamá, a tu amiga o a la mamá que quieras, ninguna ha vivido al pie de la letra lo mismo que tú has vivido.

Verás que, así como unas vivieron mareos, otras no los sintieron, por solo darte un ejemplo. Y esto ¿a qué se deberá?

Pues solo al hecho de que tu cuerpo es totalmente diferente al del resto de la humanidad. Por ello es de vital importancia que lo conozcas de verdad y sepas tus puntos fuertes o débiles para trabajar en ellos con amor y paciencia.

EJERCICIO: AMO MI CUERPO

Nuevamente necesitarás un espejo de cuerpo completo ya que lo que vamos a trabajar es la observación de tu cuerpo.

La finalidad es que dediques unos instantes a observarte desnuda, así que puedes aprovechar ese momento al salir de la ducha para realizarlo.

Primero que nada, debes estar lista para dejar atrás cualquier tipo de tabú negativo relacionado con observar tu cuerpo desnudo, ya que principalmente las mujeres estamos relacionadas durante muchas generaciones de manera negativa si hablamos de sexualidad o intentamos conocer nuestro aparato reproductor.

Por ello es de vital importancia que te replantees esta relación de intimidad con tu cuerpo y la relaciones con tu autoconocimiento.

Recuerda que, si no sabes cómo funciona tu cuerpo, muy difícilmente entenderás las señales que provienen de él.

Pues bien, en caso de que mirarte desnuda sea para ti un problema, repite tres veces las siguientes afirmaciones:

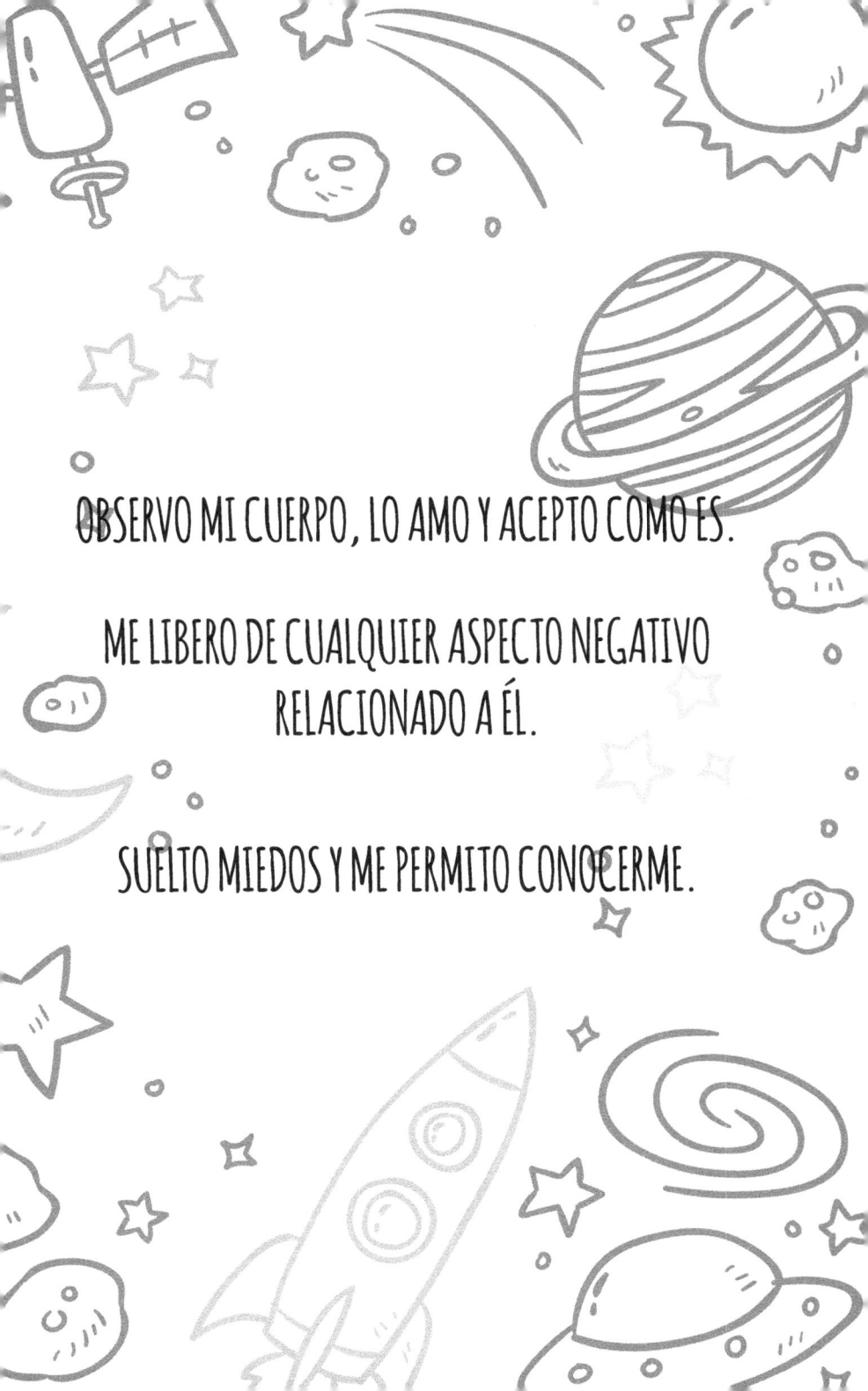

OBSERVO MI CUERPO, LO AMO Y ACEPTO COMO ES.

ME LIBERO DE CUALQUIER ASPECTO NEGATIVO RELACIONADO A ÉL.

SUELTO MIEDOS Y ME PERMITO CONOCERME.

Una vez te has liberado, entonces inicia tu observación. Mírate bien, obsérvate y analiza la maravilla de tu cuerpo. Ese cuerpo mágico y fuerte que te ha ayudado a dar vida y que está ahí para ti para ayudarte en todo.

> Míralo como tu amigo. Él confía en ti y quiere ser escuchado. Muchas veces se manifiesta con alguna enfermedad o molestia para hacerte ver lo que necesitas. ¡No lo ignores!

Escúchalo, entiéndele, él está dispuesto a trabajar en conjunto contigo. Observa cada parte de tu cuerpo y ten un pensamiento positivo en agradecimiento sobre cada parte de él.

Mira por un momento tu rostro. Ve bajando por tu cuello, obsérvalo sin juzgar. Simplemente sé una espectadora.

¿Notas algún cambio en él? Agradécele por su correcto funcionamiento.

Mira tus hombros y brazos y percibe si los sientes fuertes o débiles, ¿qué te dicen?

Ahora ten un pensamiento de agradecimiento hacia ellos.

Observa tus manos, ellas que te ayudan tanto en tu día a día desde realizar cosas esenciales como ayudarte a llevar el alimento a tu boca hasta cosas más menos importantes como a sostener tu móvil.

Míralas, ¿qué te dicen? ¿Se sentirán mimadas por ti? ¿Necesitan alguna cosa? ¿Y tus dedos? ¿Tus uñas se sienten amadas?

¿Qué ves en ellas? ¿Qué mensaje te envían? Observa con atención y recibe el mensaje que tienen para ti.

Ten un pensamiento lindo para ellas, así como no olvides agradecerles por su correcto funcionamiento.

Ve haciendo este ejercicio con todo tu cuerpo, observa tus caderas, tu vientre y observa tu piel, ¿está hidratada o está seca? ¿Qué mensaje tiene para ti? Observa tus cicatrices si tienes y agradéceles por estar ahí, por haber sanado y darte la oportunidad de sentirte bien.

Observa tus partes más íntimas, tu aparato reproductor, aquel que te identifica como mujer. Reconócete como mujer que eres.

Eres una mujer hermosa que ha dado vida gracias a ello.

Agradécele por su correcto funcionamiento, agradece ser una mujer fértil. Agradece ser mujer.

Observa tus piernas, aquellas que te permiten desplazarte de manera autónoma. ¿Están fuertes? ¿Qué mensaje tienen hoy para ti? Tus pies, sus dedos y las uñas. Obsérvalo todo, escucha con el alma el mensaje y agradéceles por su correcto funcionamiento.

Si has llegado hasta aquí, ¡muchas felicidades!

Acabas de darte a ti misma una prueba de amor verdadero.

Realizar auto observación es muy importante. Debes conocer tu cuerpo para detectar anomalías si se da el caso y como ejercicio de crecimiento personal.

Una vez hayas terminado el ejercicio de **observación y agradecimiento con cada parte de tu cuerpo** puedes vestirte y buscar una libreta especial que deberás tener para tu trabajo de amor propio.

Ábrela, apunta **los mensajes** que hayas podido percibir de cada parte de tu cuerpo y promételes que serán escuchados y actuarás al respecto.

También es importante conocer nuestro flujo vaginal, la menstruación, la orina, los cambios hormonales relacionados con los ciclos menstruales, realizar visitas anuales al ginecólogo, conocer sus ciclos y sus cambios.

Para esto será importante que dediques tiempo para observar y vayas apuntando en tu libreta cada detalle que puedas ir detectando.

¿CONTROLAS TU PERIODO MENSTRUAL?

¿Tienes una libreta especial para la menstruación?

Si crees que esto es solo cosa de adolescentes, déjame contarte que estás muy equivocada.

Y es que aún recuerdo cuando era adolescente y veía cómo cada niña de mi secundaria se creaba un **calendario especial** para su menstruación, llenas de ilusión viendo su cuerpo crecer.

Las decoraban a su gusto y llevaban en ella un orden.

¿En qué momento hemos perdido las mujeres esa ilusión por ver nuestro cuerpo florecer?

Nos dejamos llevar por la rutina y las cosas negativas, como síntomas no deseados, y dejamos de darle la debida importancia a llevar este control.

Déjame adivinar, volviste a apuntarlo todo cuando quedaste embarazada, ¿verdad? Volviste a ilusionarte y empezaste a llevar un control de todo.

Lo hacías por tu hijo/a y no por ti, sino por el amor y la ilusión que tú bebé despertó en ti nuevamente.

Sin embargo, una vez han vuelto a pasar los años, has vuelto a olvidarte y tu cuerpo sigue ahí contigo, ofreciéndote continuamente maravillas. Haciéndote sentir mujer.

Llevar un control de tu periodo menstrual no solo te ayuda a saber cuáles son tus días fértiles para lograr un nuevo embarazo o prevenir uno deseado. También te ayuda a **prevenir enfermedades** y a conocerte de verdad.

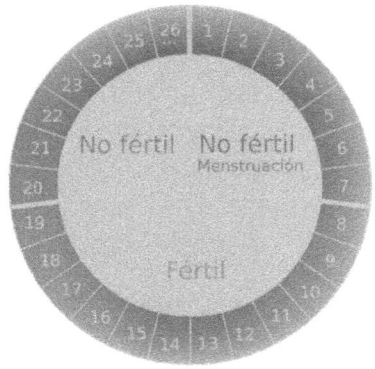

MENSTRUACIÓN SINCRONIZADA

La psicóloga estadounidense **Martha McClintock**, conocida por ser una de las primeras en difundir este planteamiento, analizó los períodos menstruales de 135 mujeres de una universidad estadounidense.

McClintock encontró que la fecha de inicio de la regla era más cercana entre amigas y compañeras de habitaciones que entre desconocidas.

¿Alguna vez has trabajado en un ambiente con puras mujeres? En mi caso, estudié durante 2 años educación infantil rodeada de solo compañeras y profesoras.

¿Puedes siquiera imaginártelo? Posteriormente realicé prácticas en guarderías donde desde la directora hasta las auxiliares éramos mujeres. También me ha tocado trabajar en otros ámbitos laborales con solo mujeres.

Y por experiencia te digo que sí se sincronizan. El problema es que al mismo tiempo se perciben todos los cambios y aquello se vuelve una locura si las mujeres no tienen un debido autoconocimiento de su cuerpo.

Te pondré de ejemplo lo que pasó en mis dos años como estudiante con solo compañeras y profesoras.

Primero tengo que decirte que lloramos todas sin excepción lágrimas de sangre. Iniciamos con muy buena actitud y llenas de ilusiones, sin embargo, acabamos separadas por microgrupos en los cuales también había continuamente discusiones y problemas con las profesoras.

De 29 chicas que nos graduamos, menos de la mitad siguió estudiando educación infantil y solo 8, aproximadamente, se dedican al ámbito infantil.

Si has leído el primer tomo de esta trilogía habrás visto que mencioné que no me dedico a esto. Y es que de verdad me pareció realmente difícil poder enfrentarme a cambios de tantas mujeres al mismo tiempo.

De las profesoras, muy pocas continúan trabajando en el mismo lugar y una en especial con la que pude dialogar me dijo que después de darnos clases tuvo ataques de ansiedad que destrozaron su vida por completo. Acudió a especialistas y le fue muy difícil superar esa etapa.

Pues bien, tengo que decirte que no solo éramos mujeres, que ya es decir, sino que éramos mujeres desde 17 a unos 60 años de edad. Todas mezcladas en una misma aula sin contar la diferencia de las profesoras.

Pues bien, había unas que tenían la adolescencia encima, otras que eran mamás primerizas, otras embarazadas, otras casadas, otras soñando con un novio, unas con la menstruación cada mes, otras con la pre-menopausia, otras con la menopausia en regla…

¡Aquello fue la locura!

¿Ahora entiendes la gran importancia que tiene llevar un control y conocimiento de tus cabios físicos, mentales y emocionales en tu periodo?

Si tú eres consciente de tus cambios únicos e individuales, primero que nada, podrás actuar sobre ellos, reconocerás tus cambios cuando estés irritable y entenderás mejor que no es momento quizá para realizar ciertas cosas.

Este conocimiento también te ayudará a detectar los cambios en las mujeres que te rodean y tenerles no solo paciencia, sino ser comprensiva con ellas.

Si llevas este control, tu cuerpo te lo agradecerá.

Cuidarnos y escucharnos son pautas que no se tienen en cuenta en la educación de las niñas. Por el contrario, nos han educado y con dolor te lo digo, de una manera en que mostrar nuestro cuerpo nos de vergüenza, en que la mujer debe ignorar su propio cuerpo o será juzgada como mala mujer ante una sociedad en la cual aún no se nos da el debido respeto y valor.

¿Te habías planteado alguna vez poner atención a cada señal que te envía tu cuerpo avisándote de su llegada?

Esto será muy importante que lo sepas. Hay mujeres que tienen diversos síntomas muy evidentes y lo saben a la perfección, sin embargo, hay otros que pasan desapercibidos como "la torpeza" y se piensan que solo han tenido un mal día.

Y la realidad es que muchas mujeres nos transformamos desde estos días previos. Seguramente has escuchado estos cambios toda tu vida como "síndrome premenstrual" y ya das por hecho que todo sea normal.

Pero debes saber que tu periodo nunca será igual. Sin embargo, sí que hay síntomas muy particulares que te acompañan solo a ti. Por ello es importante que los conozcas y puedas actuar para paliar esas molestias.

Desde los cambios físicos, mentales y emocionales, ¿eres de las que nunca sabe qué le está pasando ni por qué?

Recuerda que si vas de **mamá víctima** creyendo que las cosas te pasan solo a ti estás muy mal.

Ya a estas alturas del partido deberías saber que todo lo que pasa en tu realidad lo creas tú, por lo cual es indispensable que te conozcas bien para que no vayas por la vida culpando a todo lo externo.

Escucha tu interior y lo que te expresa.

Muchas mujeres, como en mi caso, empezamos a tener cambios desde 2 semanas antes. Lo malo es que muchas ni siquiera lo sospechan.

En mi caso, por ejemplo, faltando una semana padezco de **sueño excesivo** y eso me hace rendir menos en mi día a día. Sin embargo, como soy consciente de ello, realizo ejercicios de yoga como los que te recomendé en el libro anterior **"Saludo al sol" o a la luna.** En conjunto, con las afirmaciones que también están dentro del **poder verde** del tomo anterior.

> ¿Ves la importancia de que conozcas tus 3 superpoderes básicos? Si aún no has leído el primer tomo, no esperes más y adquiérelo. Recuerda que el cambio lo haces tú.

El yoga, sin duda, ha llegado a bendecir mi vida de raíz.

Desde que lo practico he reducido cada mes las molestias propias de mi periodo, mi cuerpo se desinflama y llego a un estado de paz que alivia la tensión también generada por esta etapa.

Por ello, te recuerdo que es de vital importancia que vayas trabajando **tu poder verde con yoga durante toda tu vida.**

LO QUE MAMÁ QUIERE

Pues bien, ahora que ya has trabado con el autoconocimiento físico, ha llegado el momento de trabajar en conocerte más en profundidad.

Es decir, **¿cuáles son tus talentos y habilidades?**

EJERCICIO DE HONESTIDAD

Antes de iniciar, permíteme darte **tres consejos** que te ayudarán a ser no solo honesta, sino a conectar con tu ser de verdad para responder con **tu poder rojo potenciado.**

- ❖ **Abre tu mente**

    Para poder descubrir tus **talentos y habilidades** es importante que **abras tu mente y te plantees otros caminos** que quizás no te habías planteado. Esto es ideal para abrirte a nuevas posibilidades de vida y nuevos caminos por recorrer.

- ❖ **Piensa en lo que te gusta hacer**

    En general, todos disfrutamos haciendo lo que se nos da bien hacer y, por contra, suele no gustarnos practicar aquello en lo que no destacamos especialmente.

- ❖ **Analiza tus fortalezas**

    Todas las personas tenemos **fortalezas y debilidades,** es decir, **virtudes y defectos**. Saber en qué destacamos y en qué no será esencial para descubrir tus talentos.

    Piensa en aquellas **aptitudes** que te hacen sentir bueno en algo.

Ha llegado el momento de sacar el lápiz y de actuar.

Escribe 5 cosas que te gusta hacer, esas que haces o harías sin recibir nada económico a cambio.

1. _____
2. _____
3. _____
4. _____
5. _____

Ahora escribe 5 cosas en las cuales crees que tienes talento.

1. _____
2. _____
3. _____
4. _____
5. _____

Y ahora sé sincera y responde. ¿Dedicas tiempo para cada uno de tus talentos y habilidades?

_____

¿Cuál es tu excusa? Prohibido poner a tu hijo/a como excusa.

_____

Los hijos son nuestra mayor fuerza y motivación para ser mejores. Sé sincera y di la verdad.

La verdad no peca, pero incomoda. Sin embargo, la verdad nos libera y nos hace crecer.

Recuerda que quien no crece se estanca.

Ahora necesito que realmente te comprometas de verdad. Escribe en las siguientes líneas: "De ahora en adelante, dedicaré tiempo a mis habilidades y talentos sin excusas porque me amo".

_____

_____

Si estás verdaderamente comprometida, rellena estas líneas de compromiso, fírmalo, hazte una foto con el *hashtag* #lossuperpoderesmfe y escribe:

"Porque soy honesta y estoy comprometida".

Realmente me llenará de alegría ver tu foto y ver una mujer y mamá que se ama con todo su poder rojo potenciado.

Porque si tan solo tú que me lees en este momento, haces un cambio, el mundo cambiará.

Sé tú **el cambio y atrae la bendición**. Y recuerda caminar siempre con **fe certera.**

"No es la especie más fuerte la que sobrevive, ni la más inteligente, sino la que responde mejor al cambio"

- Charles Darwin.

AUTOACEPTACIÓN

Pues bien, ahora que has trabajado ya en tu autoconocimiento y te conoces más, es momento de que te aceptes tal cual eres.

La idea de realizar este trabajo de aceptación no es la de llevarte a un estado de conformismo. Definitivamente esta no es la intención.

Sin embargo, para crecer necesitas primero tener una base sólida y fuerte. Para conseguirlo, primero que nada, debes estar a gusto con lo que ya eres.

MAMÁ SE MIMA

El siguiente ejercicio lo vas a amar ya que, ¿a quién no le gusta mimarse?

Aún recuerdo cuando estaba empezando a aprender a leer y aparecía en mis libros aquel ejemplo "Mi mamá me mima". Definitivamente las mamás somos las primeras en "mimar" a todos los nuestros. Pues ahora ha llegado el momento de mimarte y de paso aceptarte tal cual eres.

No tendrás mayor problema, ya que eres una especialista en mimar, así que vamos allá.

Para la realización de este ejercicio lo ideal será hacerlo al salir de la ducha.

Pues bien, la idea es que mientras te pongas tu crema hidratante de cuerpo aproveches para darte un pequeño masaje.

Si la crema o leche corporal es con un aroma agradable mucho mejor.

Así es que inicia dándote un masaje y mientras vas dándote poco a poco mimo deberás mantener un diálogo con cada parte de tu cuerpo.

Tú diálogo deberá ser:

Te amo y acepto tal cual eres. Gracias.

La finalidad es que cada parte de tu cuerpo se sienta aceptada y amada por ti. Con este diálogo le estás haciendo ver que reconoces su poder y que le valoras. Sin críticas, sin juicios; simplemente le aceptas y le comprendes.

De esta manera estás abriendo una puerta al crecimiento y si hubiera alguna cosa que te gustaría mejorar, lo podrás hacer con plena confianza de que tu cuerpo te responderá debidamente.

Recuerda que tu cuerpo es tu templo. Ámalo y escúchalo.

Acepta tu poder, vuélvete una mamá superpoderosa.

RESPETO

Contéstame una cosa: ¿de verdad te respetas? Estoy segura que ni tú sabes realmente si lo haces o no.

No te preocupes que eso lo vamos a averiguar ahora mismo.

Simplemente basta con que respondas con sinceridad a las siguientes preguntas.

❖ **¿Qué comes?**

Así es, tan solo con ver tu tipo de alimentación puedo decirte si te respetas o no.

Dime los alimentos que ingieres. ¿Se los darías a tu bebé? Si la respuesta es negativa, entonces no te estás alimentando sanamente y eso me dice que valoras y respetas muy poco tu cuerpo.

❖ **¿Con qué tipo de personas te relacionas?**

Dime las personas de tu entorno. ¿De qué suelen hablar? ¿Se expresan bien de los demás? ¿Se esperan cosas buenas de la vida? ¿Viven en abundancia económica? O, por el contrario, ¿estás rodeada de personas negativas que se la pasan quejándose de todo y viven en crisis económica constantemente?

Así es, aunque ahora mismo esto te caiga por sorpresa, si permites que en tu presencia las personas estén expresándose de forma negativa, pero además participas, estarás participando en tu pensamiento colectivo en el cual todos atraerán solo más de lo mismo. ¿Te has fijado cómo los niños repiten todo lo que ven de los adultos?

Pues bien, una mamá superpoderosa no solo debe evitar contaminarse de personas tóxicas por ella misma, sino que también debe evitar que lo hagan delante de sus hijos.

Si tu bebé crece escuchando miserias y negatividades ese será su mundo. Si por el contrario crece en medio de un ambiente positivo con energía limpia y siendo conocedor/a de su poder creador, como madre habrás triunfado.

Por ello dime, ¿con quiénes te relacionas? Sé sincera y si ves que estas personas no ayudan a mantener tu autorrespeto puedes ir considerando hacer cambios. No me refiero a alejarte 100 % de ellos, ahora si lo crees necesario... ¡Hazlo!

Me refiero a realizar algo tan sencillo como no participar cuando algo no lleve tus creencias. Recuerda que tu integridad está en juego.

Veamos un ejemplo. Dime, ¿cómo te sentirías después de participar, por ejemplo, en una crítica hacia otra persona cuando tú en principio no querías hacerlo? El ambiente te acaba contagiando y acabas participando también por sentirte parte del grupo.

Ese sentimiento desagradable que se crea en ti es porque no te respetaste a ti mismo y te diste prioridad callando y alejándote.

Las personas de tu alrededor, si de verdad son valiosas, lo van admirar en ti y créeme que jamás querrán apartarse de tu lado.

Esto es debido a **que tu fuerza de voluntad para respetarte** te hará brillar. Brillarás con una luz tan brillante que quien esté a tu lado se sentirá bien y a gusto contigo.

Si por el contrario se alejan, entonces es debido a que la energía de estas personas es negativa y será sin duda lo mejor que pueda pasarte.

Lo mismo si son personas con vicios o hábitos que no compartes.

En mi caso, nunca he podido soportar el humo del cigarrillo. Jamás he fumado, ni siquiera lo he intentado. ¿Sabes por qué?

Pues porque siempre escuchaba a personas decir que lo querían dejar y lo nocivo que era para la salud. Pero, sobre todo, veía que todos **lo querían dejar y les costaba mucho.**

Yo tuve la **claridad mental** para decir **"No me interesa probar algo que ni siquiera me apetece hacer, que es perjudicial para mi salud y, segundo, sé que de igual manera después como todos intentaría salir".**

Sin embargo, como la mayoría de adolescentes crecí rodeada de amistades de mi edad o mayores que sí fumaban. Y aunque tan solo fuera una adolescente sin importar la edad de las personas, siempre les pedí de manera amable que si iban a encontrarse conmigo por favor evitaran fumar delante de mí.

Y es que lo peor de este vicio que **detesto y que me da tanto asco** es que si las personas fuman delante de otros, los más perjudicados sean los demás y no ellos.

> Por esto yo los respeto en su vicio, pero pido que **por favor nadie fume delante de mí.**

Pues bueno, sé que mucha gente por vergüenza a que dirán los demás no lo hacen, por si se van a sentir ofendidos.

Sin embargo, yo tengo muy claro que la opinión más importante para mí es la mía. Y si es a mí a quien no le parece me doy prioridad.

Por mi experiencia de años pidiendo respeto a mi persona, te digo que gracias a este respeto que me tengo a mi misma más de una amistad **ha dejado de fumar.**

Así es, mi gran determinación no solo me ha salvado a mí de contaminarme, sino que mis amistades al verme tan firme y decidida se han motivado a dejarlo.

Ser de esta forma también hace que tu entorno se vuelva más selecto y de calidad. Volviendo a la época en la que estudié educación infantil, recuerdo que las primeras veces a la hora del patio varias compañeras me invitaban a ir con ellas a almorzar y convivir un rato. Sin embargo, me veía rodeada de tanto humo que al siguiente día les decía que prefería quedarme sola. ¿Sabes qué fue lo que pasó?

Pues que una chica con la cual hasta el momento mantenemos una buena relación de amistad se me acercó y me dijo:

—Diany, yo me quedaré contigo, pues quiero dejar de fumar.

Me explicó que su padre fumaba y en su día a día era normal, sin embargo, ella lo tenía claro y sabía que debía hacer un cambio.

Resultado: desde ese día nunca más volvió a fumar.

Si esta chica hubiera tomado la decisión sin hacer este cambio en su entorno quizá lo hubiera logrado, pero no tan rápido y efectivo.

Pero no solo me quedé con ella como amiga a la hora del patio, sino que de pronto sin darnos cuenta formamos **un grupo de chicas que no fumaban**. Recuerdo que solo **una no lo dejó**, sin embargo, **jamás fumó delante nuestro**.

¿Qué quiero decirte con esto? Pues que simplemente con respetarme creé un filtro de lo que no quería en mi vida y sin darme cuenta creé un entorno de lo que sí.

Así que, si es tu caso, si estás relacionándote con personas que por sus vicios o hábitos negativos estén afectándote a ti, no esperes más y actúa.

Como te digo siempre: camina con fe certera.

Por otro lado, si eres tú la persona del problema, con mayor razón necesitarás crear este cambio dentro de tu círculo social, tal y como lo hizo mi amiga. Obviamente eso no será la fórmula mágica porque el problema está dentro de ti, así que eres tú y nadie más quien deberá recordar que seguir manteniendo este hábito negativo.

Voy a contarte algo que hasta ahora muy poca gente sabía de mí, sin embargo, lo creo muy necesario para ayudarte en tu transformación ya que debes tomar conciencia de todos tus superpoderes reales.

Aún recuerdo cuando recién llegué a Cataluña a vivir. Desde el primer día comenté que se me dificultaba pasar la comida sólida.

Así que ese mismo día que llegué acudí al doctor, el cual me recetó un ibuprofeno por si acaso estaba inflamada la garganta y era lo que me lo ocasionaba.

Realizaba gárgaras, pero nada. Los días pasaban y no podía pasar un solo alimento sólido.

Entonces acudí al dentista, pues hacía muy poco había tenido un problema con una muela y muy probablemente era por eso que no podía tragar el alimento.

Todo el tiempo estuve buscando una causa externa al problema.

Sin embargo, el dentista me atendió la muela y mi problema persistió. Empecé a alimentarme únicamente con un batido de suplemento alimenticio que era todo lo que podía pasar.

Los meses pasaban y la situación no mejoraba hasta que un buen día mi esposo llegó del trabajo y me dijo que esa tarde me llevaría a un psicólogo. Me comentó que se lo había recomendado un compañero del trabajo y que era muy bueno.

Yo, que hasta el momento ya lo había probado todo, pensé que "no tenía nada que perder". Así pues, esa misma tarde me recibió el psicólogo.

Yo, sinceramente, tenía vergüenza de explicarle mi caso. Pensaba que se reiría de nosotros por creer que él me ayudaría a poder tragar alimento.

Tan pronto le expliqué el problema empezó a dar por hecho que sí era psicológico y me empezaba a explicar.

Yo recuerdo mirarlo con cara de asombro al grado que me dijo:

—No crees que es psicológico, ¿verdad?

—Pues no. —le contesté.

Él sonrió y me dijo:

—Te sorprenderías de los casos que hay de personas que no pueden hacer cosas sencillas solo por su mente.

Todo lo que me dijo aquel día me dejó claro que era cierto.

Yo tenía un problema interno, no externo, y la única que lo podía solucionar era yo. El psicólogo me citó para la siguiente semana para continuar con un tratamiento y, ¿sabes qué pasó?

Pues que no volví nunca más porque al siguiente día ya estaba yo comiendo con normalidad.

Así es, después de meses de buscar la solución fuera de mí, el hecho de entender que estaba dentro fue para mí mágico.

Hasta el momento nunca más, y de eso ya 12 años, he vuelto a tener un problema similar.

Por eso querida mamá, si eres tú una persona que esté manteniendo un hábito poco saludable contigo misma, te invito a que acudas a un profesional y que sobre todo aceptes que eres tú y nadie más quien logrará el milagro.

AUTOCUIDADO

Si bien es cierto que las mamás somos expertas en el cuidado gracias a nuestro poder verde, aquel nos despierta todos los sentidos para saber detectar que necesita nuestro hijo/a.

También es cierto que tenemos tendencia a anteponer el cuidado de los otros al nuestro.

Por lo cual, otro aspecto a tener en cuenta para potenciar tu poder rojo dirigido a tu amor propio será el de dedicarte tiempo para cuidarte.

Y no empieces por favor con excusas de que solo lo pueden hacer algunas "mamás privilegiadas".

A estas alturas creo que ya debió haber quedado claro que los límites te los pones únicamente tú.

En la filosofía de vida de una mamá superpoderosa no hay cabida para las excusas.

Una mamá superpoderosa sabe y reconoce su responsabilidad y trabaja en lo que quiere caminando con fe certera.

Así que contesta y sé sincera.

¿Qué estás haciendo para tu cuerpo?

Piensa que en la villa del señor hay millones de cosas que podrías hacer. Te mencionaré solo algunas.

Caminar, correr, bailar, saltar, obviamente practicar yoga, etc., es una manera espectacular de cuidarlo.

Pero, ¿qué más haces? Ya hablamos anteriormente de la importancia de ingerir alimentos sanos.

¿Mantienes hábitos higiénicos adecuados? ¿Acudes al doctor a tus revisiones pertinentes de cada año?

¿Realizas algún tipo de cuidado durante el día o por la noche?

OJO. Mira bien lo que he escrito, **"actividades del día", no "mis obligaciones"** Nos suelen educar con una idea engañosa de que ciertas cosas son nuestra obligación.

Pues bien, yo realizo mis actividades que he planeado con antelación la noche anterior. De esta manera evito que se me pueda escapar algo importante durante este día.

RITUAL DE NOCHE

A continuación, te mostraré cómo suele ser usualmente mi ritual antes de dormir. De esta manera podrás ver mejor a lo que me refiero con si te estás cuidando o no.

Realizo mi secuencia de yoga "**saludo a la luna**" de nuestro **poder verde** maravilloso el cual tienes el código a mi vídeo en el tomo anterior.

Una vez finalizo, hago mis **respiraciones** y me voy a la ducha ya que intento mantener mi cuerpo y mi **aura** lo más limpia posible. Esta última es más recomendable limpiarla con **agua de mar,** sin embargo, por ahora no vivo en una casa a la orilla del mar.

Otro punto por el cual le regalo a mi cuerpo una ducha nocturna es para eliminar cualquier tipo de **energía negativa** que haya podido recibir involuntariamente.

Miro mi rostro en el espejo y reafirmo lo mucho que me amo.

Posteriormente leo un par de páginas de alguno de los 2 o 3 libros que suelo leer al mes e inicio mi meditación.

Y ahora sí doy la bienvenida a lo más sagrado. Ese momento en que mi cuerpo físico descansa y yo puedo disfrutar jugando en un plano totalmente superior.

Si tu ritual de noche es más ver un *reality show* o las noticias que usualmente son negativas lo llevas claro.

Estarás creando un caos mental antes de dormir que, lejos de ayudarte a descansar, te mantendrá alterada y aunque parezca que descansas tu mente, seguirá trabajando en toda esta información que le has dado antes de dormir.

Por ello es muy importante tengas un ritual para antes de dormir que te permita autocuidarte de verdad.

Te he compartido lo que hago para que si te gusta tomes nota y lo realices. Recuerda que una mamá superpoderosa es creativa.

Así que deja volar tu imaginación y sobre todo escúchate.

Crea un **ritual personalizado** que vaya más contigo. Puedes ponerte música instrumental mientras te duchas de noche, o activar algún difusor con esencia a canela, vainilla o lo que tú prefieras mientras realizas meditación o simplemente trabajas la respiración.

Recuerda que no debes dejarte en último lugar. Si te falta salud difícilmente llevarás a cabo tu papel de mamá con éxito.

Piensa en todas aquellas mamás que se han quedado en el camino dejando hijos pequeños, por no haber prevenido con tiempo.

Sé que este tema es difícil y puede herir susceptibilidades, pero es un tema real que existe y que yo personalmente quiero evitarte.

Ha llegado el momento de que tomes cartas en el asunto.

Escribe:

Yo _____ (tu nombre) me comprometo a cuidarme primero a mí misma y después a los demás porque soy una mamá superpoderosa.

X
_____

Firma

Y ahora hazle una foto, compártelo para que el mundo entero sepa de tu compromiso con el **hashtag #lossuperpoderesmfe**

Pensarás que durante todo el libro te pido realizarte fotos y publicarlas solamente para publicidad del libro.

Tengo que decirte que sin duda alguna me harás publicidad, es indiscutible y además la quiero. La deseo porque quiero que mi mensaje llegue a millones de mamás que puedan estar necesitando estas palabras que hoy te comparto.

Pero también tengo que confesarte que las personas tenemos dos grandes miedos principales en este mundo.

¿Sabes cuáles son?

Pues bien, el primero es la **exposición ante el público** y el segundo es el **miedo a morir.**

A la exposición ante el público o hablar delante de los demás solo le temen aquellas personas que les importa más lo que piensan los demás sobre él mismo que su propia opinión.

Pero ahora tú, mamá superpoderosa que estás potenciando tu poder rojo para crecer como mujer y regalarle a tu hijo/a tu mejor versión…Tú, querida, ya no tienes miedo porque tú sabes que **no hay opinión más importante que la tuya.**

Es por eso que te invito constantemente a reafirmarte exponiéndote y compartiendo al mismo tiempo bendiciones.

Esperaré ansiosa ver tu compromiso porque todas unidas haremos la diferencia.

Mil gracias, te quiero.

PRACTICA

Así es, **el quinto punto** para de verdad amarte a ti misma es la práctica constante.

Recuerda que si no actúas para realizar un cambio todo lo que has aprendido hasta ahora no servirá de nada.

Habrás pasado solo un rato agradable conociendo como las mamás superpoderosas lo logran, mientras tú sigues negando tus poderes que por naturaleza te pertenecen.

Esperando a que suceda un milagro o a ver si existe la reencarnación.

Así que practica y crea de esto un hábito, tu hijo/a te lo agradecerá.

Lo que debes conseguir es conectar con la mujer que eras antes, no para regresar a ella totalmente porque además no puedes. Has evolucionado y todo lo que ahora eres es mucho mejor.

La intención de escuchar a esa mujer que eras antes es para que la honres respetando sus anhelos del alma y consigas fusionarlo con esta nueva vida que ahora tienes como mamá.

Así que recordemos los cinco pasos que deberás dar para escucharte con atención y reforzar tu amor propio.

Autoconocimiento: conocer tu cuerpo y tu mente, tus talentos y habilidades, así como practicar crecimiento espiritual.

Auto aceptación: practicar el agradecimiento a cada parte de tu cuerpo y reconocer su poder.

Respeto: aprender a respetar tu cuerpo y tu mente no exponiéndote a cosas dañinas.

Auto cuidado: dedicar tiempo para mimarte y brindarte el cuidado necesario para sentirte bien contigo misma.

Practicar: crear de los 4 puntos anteriores un hábito para llevar tu vida a un nivel superior.

¡Felicidades!

CAPÍTULO 4

AMOR EN PAREJA

Quizás tú, como yo, cuando eras niña creías que la palabra "amor" era exclusiva de la relación sentimental en pareja.

Recuerdo que en mi caso yo escuchaba a mis padres decirme "te quiero" y entre mi familia y amigos si la muestra era de cariño volvía a ser la misma. "Te quiero".

De igual manera escuchaba en las telenovelas o películas románticas cómo los enamorados eran los únicos que se decían entre ellos "te amo".

Seguramente en tu familia lo has vivido de manera similar y si no, es que has crecido en un hogar muy afortunado en el cual te decían tus padres a ti también las palabras "te amo".

Para mí es importante. Primero que nada, quiero que intentes recordar cómo has visto estas palabras a lo largo de tu vida.

Yo tal cual te he explicado, anteriormente solo resumía el amor a lo que se puede llegar a sentir por tu pareja, lo cual me provocó sufrir mucho en el pasado. Pero, por suerte, como te he venido explicando a lo largo de este libro, las personas tenemos el poder de cambiar si queremos en verdad.

Tanto, que como podrás ver en los agradecimientos de mis libros uso la palabra "Te amo" con mis seres más queridos y mi corazón es como presenciar Disneyland en aniversarios con un sinfín de fuegos artificiales cuando escucho a mi hija decir "Te amo mamá".

¿Sabes? Antes de iniciar este capítulo pensé en iniciarlo con alguna frase que definiera mejor el significado del amor. Pero el amor no se puede definir con precisión solo con palabras.

El amor se siente, se percibe, se crea y se vive.

Piensa por un momento en el significado que tiene para ti. Dime qué significado ha tenido en tu vida el amor.

Como te dije, en mi caso lo definí mucho tiempo de manera equivocada. Por lo cual no es de extrañar que, si el amor lo es todo, y yo pensaba que solo nos lo daba la pareja, pues gastaría toda mi energía durante años en solo una finalidad. Esa finalidad era encontrar el amor de pareja. Sin embargo, la vida es perfecta porque, como te enseño en el libro anterior, cada persona que está en nuestro presente (sea agradable o desagradable) está ahí con la única finalidad de ayudarnos a crecer en nuestro aprendizaje.

Por lo cual, en el camino de mi vida cada persona ha sido clave para que yo pudiera aprender el verdadero significado del amor. Y entonces sucedió la magia única e inigualable del amor.

Y cuando menos lo quería lo encontré en toda su extensión.

Es decir, una vez que me acepté a mí misma como lo más importante en mi vida y empecé a amarme de verdad.

Fue que encontré el amor de pareja y pude amar al resto de mis seres queridos. Amarlos, aceptarlos e incluso perdonarlos.

De pronto la bendita fertilidad de mujer me regala la dicha de convertirme en madre y ese amor puro se transforma en un ser maravilloso que me vino a hacer sentir algo inexplicable. No hay palabras para el amor que una mamá siente por sus hijos.

Por ello, querida lectora, entiendo que sintiendo ese inmenso amor de madre puedas dejar de pronto de lado tu amor propio o el amor hacia tu pareja.

Sin embargo, eso no es bueno ni sano. En el caso del amor, en pareja concretamente, debes saber que es primordial que tú y el padre de tu hijo/a independientemente de que estén juntos o no deben mantener una relación sana. Vosotros sois la base de vuestro hijo.

Así es, da igual que no vivan todos en una misma casa, él o ella siempre recurrirá a vosotros. Y aunque pueda llegar a tener una figura paterna en algún otro familiar o si es tu nueva pareja, debes saber que para él o ella padre solo habrá uno y que además lo ha escogido desde antes de nacer para su aprendizaje y evolución en esta vida.

Su padre, aunque tenga mil defectos, es perfecto.

Te voy a contar una historia de la vida real.

Hace ya muchos años tuve la oportunidad de conocer un señor que se había divorciado de su mujer en muy malos términos.

Ella era una figura del medio artístico por lo cual el caso de su divorcio fue muy sonado en la televisión en México.

Visto desde fuera, cuando ella daba entrevistas hablaba de él como "su marido" por lo cual expresaba detalles desagradables dentro del matrimonio que tuvieron.

Él como persona sinceramente pues no, no era una blanca paloma. Tenía de verdad grandes cosas a mejorar para poder mantener una relación de pareja.

Sin embargo, como padre tenía el corazón destrozado.

Cuando ambos salían a dar entrevistas, él particularmente se expresaba muy fuerte debido a su personalidad y quedaba muy mal. Independientemente del pleito que tenían ambos por "intereses económicos", estaban en medio de toda esa nube de energía negativa dos seres que ambos amaban.

El problema principal que quiero que analices es que ella utilizó como arma principal el negarle ver a los niños, lo cual lo enfurecía al grado de dar siempre su peor versión ante las cámaras y no ayudó nunca a que la madre de sus hijos lo dejará acercarse.

Pero por alguna cosa del destino, a mí me tocó ver la otra cara de la moneda y es que yo le vi llorar por sus hijos.

Lo vi rezarle a su Virgen de Guadalupe del cual él es creyente, pidiéndole volver a escuchar la sonrisa de su hija y permitirle ver la cara de su hijo y saber a quién se parecía, pues se separaron cuando el niño tenía poco de nacido.

Lo vi llegar a tocar límites de locura por tanto amor dentro para dar a sus hijos.

Ponte a pensar por un instante cuánto amor, cuántos abrazos y besos esos niños se perdieron de su padre estando vivo.

Y no, no lo quieren conocer aún, porque ahora son ellos los que no quieren.

Y no estoy aquí para ponerme del lado de nadie. Como te dije, este señor como marido de verdad cometió errores y lo más lógico es que pagara perdiendo a su mujer.

Que de paso te cuento que sí la siguió amando. Y repetía siempre que ella "era y sería el amor de su vida"

Pero bueno, todo lo que se hacen en esta vida se paga. Y el pagó muy caro al perderla.

Pero dime, los niños... ¿Ellos qué hicieron? ¿De verdad crees que merecían crecer odiando a su padre?

Las mujeres debemos aprender a respetar a nuestros hijos, ellos o no nos pertenecen. Ellos nos han escogido para guiarlos, pero no podemos privarlos del amor de su padre. No es sano.

Pero no me vayas a malinterpretar que, si el padre resulta ser un delincuente, está enfermo mental y los niños corren peligro, entonces no dudes ni un segundo. Será tu deber protegerlos.

Todo esto te lo cuento porque quiero crearte conciencia del daño o beneficio de tus decisiones.

Recuerda siempre que la base del éxito como mamá es que el padre de tu hijo/a y tu seáis un equipo. Ya sea viviendo juntos o separados, pero equipo.

SOMOS UN EQUIPO

Pues bien, tenemos claro que los padres deben ser **un equipo que camine en la misma dirección.**

Así que ha llegado el momento de fortalecer nuestro equipo de vida, porque para que un equipo lleve la misma dirección debe estar unido. De lo contrario no será productivo para ninguno de los integrantes de este.

Para ello, será importante primero reconocer quiénes son los integrantes de tu equipo.

Así que, antes de nada, debes reconocer que **el padre de tu hijo/a y tú son un equipo,** lo quieran o no. Estén juntos o no.

Por ello, el hecho de que seas una mamá casada, divorciada, separada, soltera, rejuntada, etc., no quita que el padre de tu hijo/a sea parte primordial de tu equipo.

Si él, el padre, está vivo en este mundo terrenal, debe y deberá caminar en una misma dirección. Obviamente las normas del juego cambiarán mucho si viven juntos o separados, pero es de vital importancia que siempre estéis de acuerdo.

En el caso de que el padre haya fallecido, de igual manera tu deber es siempre respetarle y honrarle. Tu hijo/a debe tener muy claro su origen. Sobre todo, la información debes dársela de una manera honesta, clara y sencilla.

En el caso de que en vuestro hogar vivan más personas, familiares, etc., también debes tenerlos en cuenta como parte de tu equipo, aunque JAMÁS como jugadores principales. Ellos tan solo están para apoyarte en lo que el padre y tú en todo caso necesitéis.

Siempre a todos los participantes del equipo, en caso de que sean más de uno, se les debe de dejar claras las reglas.

Ahora me centraré en explicarte más sobre el equipo que formáis el padre de tu hijo/a y tú, ya que sois vosotros los principales referentes y guías.

Ambos lleváis puesta la camiseta del **equipo papás** de _____ (Nombre de tu hijo/a).

Es importante que no olvides esto, pues si alguno de los integrantes no tiene claro esto podrá jugar en contra y no a favor.

Una vez ya tenéis esto claro, también deberéis tener claras las normas del juego ya que si no las conocéis desde un principio os las estaréis saltando constantemente de manera inconsciente y nuevamente vuestro equipo se verá afectado.

Veamos cuáles son las principales causas por las cuales el equipo pueda estar jugando en contra, para así detectarlas y trabajar en mejorarlas.

Al inicio de una **relación de pareja** es muy sencillo. No solo caminan hacia la misma dirección y objetivo, sino que lo hacen tomados de la mano.

Esto es debido a que la pareja se encuentra dentro de la **fase del enamoramiento** y **las hormonas** juegan un papel muy importante ya que a inicio aparecen al por mayor. Sin embargo, con el paso de los años las hormonas van relajándose para dar paso a que la pareja pase a una siguiente etapa.

En la primera etapa, como hemos visto, ya prima el romanticismo, el sexo y la pasión, lo cual ayuda a que la pareja tenga la necesidad de estar muy unidos y da paso a que puedan conocerse mejor.

Una vez termina esta etapa preparatoria, la pareja ha podido conocer más sobre el interior de su pareja y es cuando se decide si se quiere seguir en la siguiente etapa, ya dentro de un compromiso en el cual los dos deciden recorrer un camino juntos y **caminando en la misma dirección**.

¿Por qué resalto tanto esto? Porque con la vida adulta tan rutinaria para la mayoría de las personas, sobre todo aquellas que "viven para trabajar" y no "trabajan para vivir", son a las que les cuesta aún más poder disfrutar de la familia y al estar tan desconectados con sus propios problemas, no se permiten ver que empiezan a caminar en un sentido opuesto al que su familia lo está haciendo. Es aquí cuando mamá o papá empiezan a buscar caminos diferentes.

Por ello es de vital importancia que las parejas aprendan a **negociar y se adapten** a esta nueva etapa de vida.

"Quien sobrevive no es el más fuerte ni el más inteligente, sino el que se adapta mejor al cambio"

- Charles Darwin.

Si bien es cierto que las parejas se desgastan por la rutina, también es cierto que no ayuda el hecho de que no tengan la capacidad de adaptarse a los cambios.

Así es que si estás viendo que tu actual pareja no está caminando hacia el mismo camino, es importante que tomen un momento para dialogar y cada uno aporte sus puntos de vista en los cambios y necesidades de cada uno.

Si no tienes claro cómo lograrlo te espero en mi sesión privada para reconectar el amor de pareja basado en el poder rojo. Puedes pedirla a través de mi web **www.dianypeñaloza.com** y estaré encantada de poderte ayudar.

Recuerda que estoy aquí para guiarte en este camino como madre superpoderosa y todo lo que los padres hacen repercute en gran medida en los hijos.

Te voy a explicar un caso real de un niño que en la actualidad ya es un adulto que ha padecido ya en dos ocasiones cáncer. Cabe destacar que esta enfermedad, cada día lo tengo mucho más claro, es totalmente "emocional".

Pues bien, esta persona trabajando conmigo recordó que de pequeño presenciaba discusiones de sus padres y un día deseó con toda su alma enfermarse pues sabía que de esta forma ellos no solo no discutirían, sino que le dedicarían su atención y su amor. Así que me explicó cómo esa misma noche padeció de fiebres muy altas, pero él estaba feliz pues había logrado su cometido.

Desafortunadamente, él asoció enfermedad con amor y atención, lo cual ha seguido creando durante toda su vida hasta ese momento clave en que fue consciente de ello. Ahora goza de salud y está lleno de energía, pero necesitó darse cuenta y sanar esta relación que había creado de niño para poder detectarlo.

¿Ves ahora cómo puede llegar a afectar si tu hijo/a no ve unos padres unidos y caminando en la misma dirección?

Ellos, aunque parezca que no están atentos, lo están. Y la energía amorosa o negativa que estén enviando en vuestro hogar ellos la reciben.

Ahora te pondré otro caso también de cáncer y no es mi intención espantarte. Simplemente quiero que veas la relación emocional que tienen las enfermedades y en especial esta que está atacando desde hace muchos años a la humanidad.

Pues bien, mi abuela paterna (en paz descanse) falleció hace un año y ella siempre gozó de una salud extraordinaria.

Vivió hasta los 90 años. Gracias a mis estudios de psicología una vez la entrevisté para analizar su memoria.

Fue una entrevista que me guardo en el corazón porque revivimos desde su infancia hasta su vida actual. Obviamente su memoria episódica era maravillosa y en la entrevista me relataba con detalle cada cosa vivida. La entrevista fue realizada por Skype, por lo cual también pude percibir que de vista y de oído estaba estupenda.

Sin embargo, poco después falleció "mi padrino" como llamábamos mis primos y yo a su esposo y compañero de vida, ya que mi abuelo paterno falleció muy joven y no pudimos conocerlo. Así pues, la figura del abuelo nos la dio él, mi padrino.

Pues bien, a raíz de su fallecimiento mi abuela cayó en una gran depresión. Posteriormente falleció mi tío el mayor y esto acabó por dar la estocada final.

Entonces la depresión le hizo una bajada de defensas tan grande que fue cuando se le detectó cáncer.

Por su edad, pero sobre todo por la gran depresión que ella tenía ya, no pudo remontar y esta enfermedad terminó siendo la que la llevó a hacer su transición de esta vida terrenal a un plano más elevado desde el cual nos sigue enviando su gran bendición.

Pues bien, te he compartido estas 2 historias para que puedas ver con más claridad primero que nada la importancia de tener fuerza mental.

Por ello tus superpoderes te ayudarán a que no caigas en depresiones o estrés porque tan solo estarías dañando tu propia salud. Pero también quiero que veas cómo todas estas emociones negativas afectan a tus seres más queridos.

Principalmente tus hijos.

Pues bien, ahora voy a compartir una actividad para que realices y puedas analizar si hay aspectos de tu vida amorosa que debas trabajar y llevarlo a cabo.

Recuerda de igual manera que tienes a tu disposición la sesión privada conmigo para activar tus superpoderes a un nivel más elevado.

Realiza una lista de los principales cambios que has notado dentro de tu relación amorosa.

A continuación, crea unos títulos que representen estos cambios y escríbelos en la primera columna como ves en el ejemplo.

MENOS TIEMPO PARA LA INTIMIDAD	He aprendido que debo crear momentos más románticos con mi pareja.	**Usaré mi creatividad para encontrar más momentos de intimidad.**

En la segunda columna deberá ir qué has aprendido con este cambio, y en la tercera cómo trabajarás para lograr una adaptación óptima.

EJEMPLO

Como ves, la tabla tan solo es un ejemplo de lo que puedes llegar a descubrir y trabajar.

FALTA DE COMUNICACIÓN	He aprendido que no me estoy comunicando bien ya que mi mensaje no llega de la manera en que espero.	Aplicaré mi poder rosa empático para dirigirme de la manera en que mi pareja será más receptiva a mi mensaje.
ME SIENTO SIN AYUDA EN COSAS DEL HOGAR.	He aprendido que yo no puedo dedicarme sola en una situación que es de equipo.	Hablaré con mi pareja de manera asertiva y le pediré que juntos hagamos una repartición de las diferentes tareas del hogar.

No tengas miedo de trabajar en los aspectos en conjunto. Tu pareja muy probablemente no te está dando lo que deseas porque tú no se lo estás comunicando.

Por lo cual, activa tu poder rojo con esta actividad y descubre todas las ventajas que tiene reconocer los cambios y necesidades de tu relación de pareja.

Y recuerda que una mamá superpoderosa camina con fe certera. Este es y debe ser tu lema en la vida.

Porque si esperas a ver para creer estarás todo el tiempo esperando milagros que no sucederán. La vida quiere regalarte sus maravillas, por eso estás hoy aquí leyendo este libro. Nada en esta vida es casualidad. Todo tiene una causa y un por qué.

Así que si esta información te está siendo otorgada a través de este libro es porque hay algo que coincide ahora mismo contigo. Escucha las señales que el universo te envía para guiarte y camina, querida amiga, con fe certera.

ME AMO Y TE AMO

Quiero pensar que estás dentro de una relación de pareja sana en la cual reina el respeto y el amor.

Sin embargo, tal y como te comenté anteriormente, esto dependerá del significado que tú le estés dando al amor de pareja.

Ahora ha llegado el momento en el que me digas: ¿qué tan importante es para ti el amor de pareja?

Quiero aprovechar esta parte del libro para compartir contigo cómo es el amor en pareja de verdad.

Ese del que te hablaron en los cuentos, porque ojo, sí existe.

Lo que voy a enseñarte ahora chocará mucho con lo que estás oyendo en la actualidad, pero no te preocupes que lo entenderás y lo sabrás aplicar.

¿Cuántas mujeres hay en el mundo solas, sufriendo según ellas por amor?

La realidad es que fue por DESAMOR y no por amor.

Nadie en este mundo sufre por amor. Pero eso te han enseñado toda tu vida. Que el amor duele, que el amor es sacrificado. ¿Qué canciones eran tus favoritas? ¿Qué películas y libros?

¿En qué ambiente creciste? ¿En uno de amor y respeto? Todos estos son factores que van formando tu manera de ver el amor.

Y recuerda: somos lo que pensamos.

En mi caso, en el pasado tenía una idea del amor sacrificado y entregado, la cual por suerte no fue aprendida de mis padres y digo por suerte porque gracias a esto tuve un ejemplo presente y latente que me mostraba cómo era el verdadero amor.

Sin embargo, cuando hay un aprendizaje que tenemos que aprender en este mundo terrenal eso no importa. Uno recibe las lecciones de estas personas con las que pactamos, serán nuestros maestros en diferentes temas de la vida. Y nadie se escapa de las lecciones.

Tan solo depende de nosotros mismos el hecho de ver este aprendizaje y es entonces cuando todo vuelve a su cauce.

Recuerdo cuando era adolescente y en la soledad de mi habitación lloraba desconsoladamente por lo que yo pensaba que era el amor. Tan solo al salir de ella podía observar a mis padres dentro de una relación de amor real, basada en respeto y comprensión, lo cual me hacía cuestionarme si mi idea del amor era correcta o no.

¿Ves ahora por qué es de gran importancia que una mamá superpoderosa tenga una relación de pareja sana?

> Porque tú serás siempre el mayor ejemplo y no lo darás con tus discursos y sermones, sino con **tus hechos**. **No te escucharán, te imitarán.**

En mi caso, como a la mayoría de las personas que hemos venido a trabajar esta parte del amor en pareja, primero tuve que aprender **lo que no es** para de esta forma **poderlo reconocer.**

Recuerda que ahora solo estamos centradas en este tipo de expresión de amor. El amor en pareja es tan solo una de sus tantas maneras de sentirlo y demostrarlo.

Pues bien, primero debo dejarte claro que todos tenemos un aprendizaje que nos va a costar un poco más que a otros. No todos hemos venido a aprender lo mismo.

Por lo cual, verás que a otras mujeres esta parte del amor se les va a facilitar durante toda su vida y no es que tengan más suerte o sean más bellas e inteligentes que tú.

Esto definitivamente no tiene nada que ver en el proceso de aprendizaje del amor en pareja.

Quizá estas mujeres en esto saben mucho porque su alma ya lo ha superado y, sin embargo, por darte un ejemplo, ellas quizá con sus hijos les cueste la relación de la cual ya hablaremos más adelante, o con sus padres. Y es con ellos que tienen este aprendizaje relacionado al amor.

En mi caso tengo claro de que en la parte de pareja tenía algo que aprender, a pesar de que cuando era joven pensaría que tardara mucho en aprenderlo. En la actualidad entiendo y acepto el tiempo perfecto.

Esto lo tengo superado. Sin embargo, al igual que cualquier ser humano, tengo otras áreas que mejorar y trabajo en ello cada día.

Pensarás: ¿cómo puede estar una mujer tan segura de vivir el amor en pareja en su total plenitud?

Primero que nada, recuerda que somos creadores de nuestra propia realidad.

En mi realidad esto es así y trabajo también cada día para mantenerlo y mejorarlo.

Es decir, vivo confiada y segura, más no estancada, ¿me hago comprender?

Pero de cómo trabajar cada día para mantener tu amor fresco y radiante te hablaré más adelante.

Ahora quiero que rebobinemos, trabajaré contigo abriéndote mi libro de recuerdos para que junto conmigo puedas identificar tu propio momento clave.

Aquel en el cual recibiste el aprendizaje, quizá ya lo recibiste y es por ello que hoy eres mamá de un bebé maravilloso.

Pero es importante que hoy lo recordemos pues este aprendizaje del pasado debes tenerlo muy presente para valorar tu relación de pareja actual.

Y como siempre te hago la aclaración. Si te pido que valores comparando un **aprendizaje anterior** no es dejarte carta abierta a que aceptes cosas en tu relación de pareja actual, tan solo porque en la anterior te daban aún menos.

Es decir, que, si tu expareja era borracho e infiel, pues ahora aguantas como mínimo al borracho porque tiene una cosa menos. ¡Por favor no!

Recuerda que debes respetarte y tener personas a tu lado vibrando. Con energías negativas solo enturbian tu paz y finalidad.

A lo que yo me refiero con que valores tu aprendizaje anterior es en **detectar de verdad el fallo que tú estabas teniendo**. Ojo con esto. Debes tener un **aprendizaje basado en tus errores,** no en los de la otra persona. Los de tu maestro, como no era el amor en pareja no nos interesan. A esta persona lo único que puedes hacer es enviarle luz y agradecimiento por ese aprendizaje que te ha dado en esta vida. Agradécele y recibe la paz dentro de ti.

Para ello haremos un ejercicio de agradecimiento hacia él.

EJERCICIO: AGRADEZCO EL APRENDIZAJE

Será muy sencillo. Tan solo cierra los ojos, respira profundamente y poco a poco ve imaginando cómo tu **poder rojo** se activa.

Visualiza una luz roja muy luminosa que sale desde tu corazón. Nota sutilmente cómo tu cuerpo empieza a subir la vibración porque estás totalmente llena de agradecimiento.

Agradeces a tu maestro en el aprendizaje del amor por la lección dada. Sueltas y liberas cualquier tipo de rencor que haya podido quedarte a raíz de esa relación.

Ya no te preguntas, ahora tienes las respuestas. Sabes que todo tu pasado tan solo te ha estado preparando para descubrir el amor verdadero.

Respira nuevamente y nota cómo destellos blancos de paz y agradecimiento viajan hacia él y le envuelves con un abrazo de gran gratitud.

Agradécele por ser tu maestro, agradécele porque es gracias a él.

Ahora puedes sentir dentro de ti esa luz roja brillante y amorosa llenarse de paz interior.

Repite:

Gracias, gracias, gracias.

Soy un ser de energía amorosa.

Gracias, gracias, gracias.

Soy un ser de energía agradecida.

Gracias, gracias, gracias.

Recibo la paz en mí.

¡Felicidades! ¡Excelente trabajo!

MAESTROS TERRENALES DEL AMOR

Como bien sabes, todos los aprendizajes terrenales vienen a través de nuestras experiencias.

Todas aparentemente tienen una causa terrenal, sin embargo, la realidad es que, como te expliqué anteriormente, son para darnos una lección mucho más importante y elevada de lo que nos pensamos.

Para que estos aprendizajes realmente puedan darse este debe causar en nosotros un **alto impacto,** de lo contrario podría pasar desapercibido para nosotros y no se conseguiría el aprendizaje.

En lo que respecta al amor de pareja, has escuchado alguna vez eso de… ¿Por qué me pasa siempre lo mismo? ¿Otra vez la misma historia?

Efectivamente, esta es una señal de que hay un aprendizaje que te llegó primero de una manera suave y pasó desapercibida. Sin embargo, la vida te la repite con un nuevo **"maestro"** y si vuelves a ignorar el aprendizaje estarás repitiéndolo las veces que hagan falta, así sea en las siguientes vidas.

Así que de lo mucho o poco que tengamos que aprender sobre **el amor de pareja** dependerán las veces que el aprendizaje aparezca para poder llegar a vivirlo en su total plenitud.

En mi caso, tal y como te expliqué anteriormente, crecí creyendo que el amor en pareja era la única manera en que se manifestaba el amor como tal y que todos los sentimientos entre la familia o personas allegadas solo era cariño dándole a este un significado inferior.

Pues bien, cuando yo era adolescente tenía una autoestima baja. Fui desde siempre una niña muy delgada, pero además siempre he sido el tipo de persona a los que llaman **"traga años"** por lo cual cuando yo era adolescente me seguía viendo muy niña.

Sin embargo, yo empezaba a sentir la necesidad de encontrar el amor y soñaba con ese **príncipe azul.**

Pero crecí escuchando que tenía **cuerpo de niña**, que era muy delgada. Lo más triste es que eran familiares los que se encargaban de decírmelo todo el tiempo.

Alguna prima me decía **"las mujeres guapas son voluptuosas, las flacas no están de moda"** y alguna otra se reía incluso de mi cuerpo tan delgado. Primos hombres incluso me hacían bromas sobre mis piernas delgadas. En fin...

La realidad es que era una niña normal a mi edad, pero yo no lo sabía. Yo me creí todo lo que me decían y cuando pensaba en una mujer guapa, sabía que no me incluía a mí.

El problema era que soy una persona **muy visual** y me gustaban hombres tan guapos que estaban acostumbrados a tener muchas niñas detrás de ellos.

Entonces apareció mi **primer maestro,** un niño de 17 años que físicamente era muy atractivo, sin novia y, como dicen por ahí, como me lo había recetado el doctor.

Y a pesar de que me dijo tan solo en conocerme que yo era "muy bonita", **mi mente no lo aceptó**. Fue como si no me hubiera dicho nada. Un niño tan guapo lo único que podía querer de mí era **mi amistad.**

El niño, ahora que lo veo desde fuera, realmente estaba interesado en mí, pues me invitaba constantemente a salir. Sin embargo, nunca entendí **ni me enteré de nada de sus intenciones**. Obviamente me faltaba mucho que aprender en el tema.

Yo creía ingenuamente que para ser novios primero había que ser amigos, conocerse y entonces un día me diría "¿Quieres ser mi novia?".

Ahora que lo pienso, era yo una romántica empedernida.

En fin, estas creencias que yo tenía sobre mí misma y sobre el amor no ayudaron y me convertí en su **mejor amiga** durante muchos años.

Así es, viví enamorada de él mientras me contaba sus penas de amor. **¿Te suena haber vivido algo similar?**

Sin embargo, esto lejos de ser sano, es humillante, porque yo no estaba **respetando mis sentimientos**. ¿Cómo puedes ser amiga de una persona que ves con otros ojos?

Pero los aprendizajes son así. Los tienes que vivir para aprenderlos y después reconocerlos.

Ahora entiendo que fue una manera en que la vida me mantuvo **segura y a salvo** porque, mientras estuve de "mejor amiga", estuve a salvo tan solo soñando despierta.

Sí, y no creas que amiga con derecho. No, para nada. El niño era de verdad un chico con valores y cuando te digo que era solo mi amigo, es que solo me brindó su amistad. De hecho, creo que eso me hacía anhelarlo más.

La vida, tan sabia en **sus tiempos,** alejó este niño pasando el tiempo pactado. Recuerda que estos maestros de vida nos vienen a enseñar según lo acordado, antes de empezar nuestra aventura terrenal.

Entonces fue cuando llegó a mi vida la persona más indicada para darme el aprendizaje de amor propio, que era lo que yo en realidad debía aprender.

Él venía con la misma asignatura que suspendí con el niño anterior. **Fue el mismo aprendizaje,** pero enseñado a una manera en la que **o aprendía o me moría de dolor.**

Porque tal y como te comenté anteriormente, si el aprendizaje no lo tienes con el primer "maestro" llega uno que lo vuelve a intentar causándote un **fuerte impacto** y de esta manera logra llevarte a los límites. Y esta vez sí que o aprendes o prepárate para sufrir de verdad.

Es por esto que las personas, todas en general, hemos relacionado alguna vez el amor con pasarlo mal.

Pero esto definitivamente no es el amor, solo es una muestra de **lo que no es** para poder **valorarlo** cuando este llega.

Como bien sabes, nuestros pensamientos tienen poder gran poder y **la palabra** es mucho más poderosa.

Es por ello que los mantras con **palabras positivas** son tan efectivos para mejorar nuestra vida porque consiste en pensar y expresar con sentimiento y fe el cambio que quieres conseguir.

Y si a eso le sumas el **pensamiento colectivo** de la gente que te rodea, es decir, si los de tu entorno más cercano forman una idea de ti con fuerza acelera las cosas y atrae aquello con más fuerza.

En mi caso, **el pensamiento colectivo** me trajo una gran prueba.

Cuando yo estaba en la secundaria me hacían el tan famoso *bullying.* Creo que nadie se escapa.

Pues bien, yo les recordaba a una artista que tenía serios problemas amorosos. Pero no era solo a mis mejores amigas o el vecindario.

Estamos hablando que en la secundaria a la que acudí yo tenía grupos de primero (a, b, c, d, e, f), segundo (a, b, c, d, e, f) y tercero (a, b, c, d, f) con unos 60 alumnos por cada grupo, aproximadamente.

Y toda la secundaria me hacía el llamado *bullying*, **TODOS,** relacionándome con esta cantante. Esto durante los **3 años** que asistí, pero además cuando cambié de colegio todavía había personas que me lo decían.

Y como bien sabemos, **la ley de la atracción** (lo creamos o no) está trabajando constantemente para nosotros y tiene su tiempo de gestación. Así que todo ese tiempo esa energía que se enviaba tendría un efecto en mí que yo definitivamente no me esperaba.

Pues bien, este efecto fue tan fuerte que se rompió toda predicción en mí. Terminé relacionada sentimentalmente con una persona que no solo no era físicamente como yo soñé, sino que me llevaba una cantidad de años impresionantes.

Pero además era el exesposo de la cantante con la cual años atrás me relacionaban. **¿Te das cuenta del poder del pensamiento colectivo?**

Y realmente era imposible que sin esta fuerza del pensamiento colectivo nos hubiéramos podido siquiera conocer, ya que vivíamos en otras ciudades y obviamente por la diferencia de edad, económica, etc. Fue algo realmente impensable para mí, pero mi entorno vio muy claro siempre.

Este libro no es autobiográfico, sin embargo, creo firmemente que si ves que fui una niña y mujer que también alguna vez se equivocó y ves ahora todo lo que he construido, es gracias a que aprendí de mis errores y eso te hace analizar tu vida y ver si de verdad estás recibiendo lo que mereces.

Entonces solo porque te haya podido ayudar a ti habrá valido la pena haber abierto en este libro esta parte de mi vida.

Pues bien, este hombre era tal y como te comenté. Realmente el más indicado porque realmente me llevaría a niveles de humillación más grandes por causa de mi poco amor propio.

La causa fue que era un hombre mayor, de alto nivel económico, famoso en su momento y con muchísimo mundo por delante. Tenía las herramientas perfectas para que me quedara muy claro todo.

Al momento de iniciar la relación no me di cuenta de que era lo suficientemente valiosa como para mantener alguien como él a mi lado.

Todo el tiempo viví con miedo de que llegara otra mujer más guapa y me fuera infiel. Además, él tenía esa peculiaridad y era que "le encantaban las mujeres". Era muy visual como yo y todas las mujeres con las que se relacionaba eran tremendamente guapas y además las conquistaba con gran facilidad.

Por lo cual no solo era el hecho de ver a la persona amada con otras personas, sino que todas parecían ser más hermosas y eso iba poco a poco afectando cada vez más y más mi autoestima.

Me sentía realmente muy infravalorada porque ni siquiera era capaz de tener un hombre hasta ese momento que solo quisiera estar conmigo.

Buda decía: "Si te sientes demasiado pequeño para marcar la diferencia, prueba dormir con un mosquito".

Y es muy cierto. Es increíble cómo podemos los seres humanos llegar a vernos tan pequeños si lo permitimos, cuando la realidad es que hasta la criatura más pequeña tiene un gran valor como este ejemplo del mosquito.

Por muy grandes que seamos, en comparación con el dormir a su lado, puede llegar a ser una locura.

Fueron muchos años en los que estuve dentro de este aprendizaje. Pero finalmente aprendí la lección, que era lo que te estoy enseñando prácticamente desde que inició el libro, y es que **te ames primero a ti misma antes que nada en este mundo.**

Una vez me encontré sola, me di cuenta de que había todo un mundo por descubrir mientras yo me aferraba a una sola persona. Fue cuando el universo, que es tan sabio, dio la señal para que llegara mí el verdadero amor de pareja.

Aún recuerdo verme llorando en la soledad de mi habitación preguntándome por qué hasta el momento no había podido tener un novio normal. Alguien con quien ir tan solo al cine o a la playa y que me quisiera solo a mí.

Y mi plegaria fue escuchada. Pero tal y como te digo siempre, las cosas no caen del cielo solas, yo tuve que actuar.

Me surgió una oportunidad de viajar por Europa durante un mes entero, lo cual suponía dejar mi actual carrera universitaria de Comunicación y Relaciones Públicas.

Tuve que dejar un programa de televisión infantil que estaba preparando en Acapulco, así como mi agencia de modelos y representaciones artísticas que también llevaba en sociedad con unas amistades.

Además, dejar mi gran sueño de hacerme famosa ya que estaba por iniciar las grabaciones de una telenovela al lado de una actriz muy famosa en Miami.

Pero **mi alma no se equivocaba** y me aventuré en ese viaje. Y cuando menos lo esperaba conocí el verdadero amor.

Y ahí frente a mí estaba este chico igual a mí, de mi edad, tremendamente guapo como un ángel caído del cielo.

Y llega a entregarme todo lo que siempre quise, llega cargado de amor solo para mí, lleno de valores compartidos.

Llega a **sanar mi alma** y enseñarme lo que es el amor de verdad, ese que te da paz, ese que te hace volar.

Y sí, me pidió que fuera su novia como siempre lo soñé y también se casó conmigo. Lleva a mi lado 12 maravillosos años en los cuales día a día me demuestra lo que es el amor de pareja real. Ese que es idéntico a los cuentos de hadas y que tiene las pruebas de la vida real, lo cual lo hace aún más especial.

Mientras escribo estas letras mi corazón explota en agradecimiento por tenerlo en mi vida.

Pero además es orgullosamente el padre de mi hija.

EL AMOR DE VERDAD

Con mi historia he pretendido que veas la **diferencia de un amor en pareja de verdad y lo que no lo es.**

Anteriormente te expliqué que muchas mujeres últimamente culpabilizan a las historias de Disney, simplemente porque han aprendido un poco del valor educativo que tienen los cuentos en los niños y niñas. Sí es verdad que a través de los cuentos los niños y niñas aprenden muchos valores. Entre ellos, se pueden llegar a crear una idea de lo que es el amor.

Sin embargo, creo que sus argumentos no tienen fundamento y te diré por qué.

Jamás he visto en ninguna película de Disney un príncipe que grite a las princesas, que les falte al respeto, que les sea infiel... En resumen, jamás he visto ningún tipo de maltrato físico o psicológico.

Tampoco he visto jamás una princesa holgazana que esperara a que todo le callera del cielo. Analicemos.

Cenicienta, la cual es duramente criticada. La gente se empeña en decir que Cenicienta era una mujer que lo mejor que hizo en la vida fue ser rescatada por un príncipe.

Pero se les olvida que era tan solo una niña de 15 años que llevaba años siendo explotada por su madrastra y hermanastras, es decir, que trabajaba mucho y no estaba todo el día sentada como por ejemplo las hermanastras.

Se queda con el príncipe y es feliz para siempre. Claro, porque encontró el amor de verdad, ¡querida! Pues, ¿qué te pensabas?

Y eso existe, pero la gente que no es feliz quieren buscar culpables y quieren pensar que en el palacio le fue muy mal y que eso no lo cuentan.

Pero toda esa imaginación deberían guardarla para alguna novela. Porque la realidad es que el cuento lo pone muy claro: fueron felices para siempre.

Y no hay más.

Yo, en mi caso, la entiendo. No me casé con un príncipe de la monarquía española, pero me casé con el príncipe de mis sueños. Somos felices y no me sacó de ningún basurero para darme una mejor vida, me conoció ya con zapatos. ¿Me explico? Y como puedes ver, una de las tantas cosas a las que me dedico es a escribir, es decir, que tampoco me quedé en casa escuchando cantar los pajaritos.

Sin embargo, mi vida sí es como de un cuento maravilloso, ¿sabes por qué? Porque es lo que yo soñé y es lo que yo he decidido tener.

¿Tú qué soñabas de pequeña? Dime. ¿Es lo que tienes? ¿De verdad te afectó ver *La Bella y la Bestia*?

La Sirenita, por ejemplo, es supercriticada porque la pobre dio su voz por ir a buscar el amor. Las mismas mujeres se expresan de ella como una "arrastrada" porque según esto es ella la que se va detrás del príncipe Eric. Pero por favor, qué ganas de ver los cuentos maravillosos como películas de terror.

¿Por qué no ver la realidad? El príncipe Eric también se enamoró a primera vista de Ariel y si no fuera por la bruja que los engaña ellos hubieran sido felices antes. Por lo cual, Ariel estaba dentro de un **amor correspondido totalmente** y no veo lo malo en que la mujer fuera en este caso la que dejara su hogar, el mar, por irse al mundo de los humanos.

En mi caso lo aplicaría mucho porque acabé dejando México. Vaya…. ¡A ver si voy a resultar ser yo Ariel ahora!

¿Qué otra te gusta? *La Bella y la Bestia*. Qué mujer más interesante es Bella, ¿no crees? Le encanta leer y aspira a una vida mejor que el estancamiento que ve en el lugar donde vive.

¿Cuál es su pecado? ¿Ser valiente y rescatar a su padre? No terminaría dándote mil y un ejemplo de estos grandes clásicos de Disney. La realidad es que solo debemos dejarnos llevar.

A esta vida no hemos venido a sufrir, pero esto es lo que **la gente infeliz quiere que tú creas**. Ellos quieren engañarte diciéndote que la vida es dura, que el amor para toda la vida no existe.

Jesús decía "por sus frutos los conoceréis". Analiza esta frase del **maestro más grande de todos los tiempos.**

Esta frase es la verdad absoluta, mira quién se expresa sobre los cuentos de Disney culpabilizándolos. Dime, ¿viven amor o desamor?

Mira quiénes dicen que ellos no necesitan una "media naranja", que tan solo es una frase romántica. Los menos afortunados en el amor han modificado a que son una "naranja completa" y por lo tanto ellos no necesitan de nadie.

Fíjate bien cómo los que hablan de no necesitar amor de pareja no lo tienen en efecto, pero además lo manifiestan mucho porque es su alma pidiendo a gritos ser amado.

Pero desgraciadamente estos comentarios que ellos expresan tan solo les alejan más del amor. Porque ellos no están diciendo ni pidiendo lo que de verdad quieren y anhelan. Ellos están centrando toda su energía gritando que les gusta estar solos.

Y no te extrañe que los años pasen y pasen y sigas viendo sus mismos mensajes en las redes sociales.

Pero aquí está el error. Al mentirse a sí mismos tan solo se están afectando y cerrando una puerta que seguramente está abierta para ellos, pues somos seres que tenemos necesidad de sentirnos amados y comprendidos. A todos, sin excepción, nos gusta sentirnos amados.

Pero esa actitud les está cerrando toda posibilidad. Estas personas están entendiendo mal el concepto.

Si al ver a sus personas cercanas con pareja les diera gusto de verdad, entenderían que el amor así de maravilloso sí existe, y empezarán a crearlo en su propia vida.

Sin embargo, estas personas no lo ven así. Ellos se frustran en ver una persona que tiene lo que ellos no, y no entienden el mensaje real que es "**Si yo puedo, tú puedes**". Ellos ven una persona "con suerte". Creen que esas personas somos elegidos divinos y que no nos cuesta nada.

¿Has visto la lista de lo que yo dejé? Empezando por mis padres tan lejos de mí. De verdad te digo que no es nada fácil; es **cosa de valientes.**

Y no te cuento la lista de lo que mi marido también dejó en su momento porque no estamos hablando ahora de esto, pero también sacrificó cosas. A lo que voy es que el amor es **DAR Y RECIBIR.**

Tú obtendrás lo que das de verdad. No hay misterio.

Las personas se quejan mucho de que no reciben, pero yo quiero por favor que seas sincera. Dime tú, ¿qué estás dando?

¿Qué estás dando en tu relación de pareja? Y sé totalmente sincera.

Porque si das más quejas que comprensión, más gritos que palabras de amor, más exigencia que tolerancia... Entonces, mi querida y futura supermamá, no estás dando amor.

Las mujeres cuando nos convertimos en madres nos sentimos con una responsabilidad muy fuerte sobre el cuidado de nuestros hijos, tanto que necesitamos de alguna manera sentir que el padre también lleva la misma carga.

De lo contrario, si dentro de tu percepción tú estás dando más, serás tú la que caigas en el error de sentirte la jueza de tu marido y comenzarás a sobrecargarlo.

Tal y como te expliqué anteriormente, vosotros como pareja sois un equipo que debe caminar en la misma dirección.

Es decir, que, si no mantienen una relación fuerte entre vosotros, muy difícilmente podrás recibir esta ayuda que necesitas tú y el bebé de su parte.

Por ello la vida, antes de conocer al padre de tu hijo/a, seguramente ya te envió tu aprendizaje con tus maestros del amor terrenales a los cuales les enviaste tu luz con agradecimiento en el último ejercicio.

Tú eres ya una mujer que tiene un conocimiento interiorizado, sabes lo que es y no el amor.

No porque has leído mi experiencia, sino porque al conocerla te han venido a la mente tus **"maestros terrenales del amor".**

Tal y como acabamos de ver, el amor es muy amplio y va más allá de encontrar el amor en pareja. El amor inicia y termina en nosotros.

Por lo cual, da y recibe lo que mereces. Recuerda que tu hijo/a el día de mañana seguirá **tu ejemplo.**

En conclusión, será importante tengas claros los siguientes puntos:

- ❖ Revisa quiénes fueron tus **maestros amorosos terrenales** y qué mensaje te dieron.
- ❖ Analiza si el aprendizaje lo tienes de verdad **interiorizado** y no lo estás volviendo a aprender, y si es el caso **reconócelo.**
- ❖ No busques culpables externos como cuentos infantiles de tu destino amoroso, y mucho menos temas de que tu hijo/a se cree un mundo rosa y feliz. **Somos lo que pensamos.** Si tú crees en un mundo rosa y feliz lleno de unicornios lo tendrás, lo mismo tu hijo/a.
- ❖ Obsérvate y mira si **das lo que esperas recibir** en tu actual relación de pareja.
- ❖ Si detectas algo a mejorar trabaja en ello y activa tu superpoder rojo.

- ❖ El amor en pareja es paz, es cuidado, es protección, es ternura, es dulzura, es respeto. Lo contrario no es amor.

- ❖ Y, sobre todo, recuerda que el amor inicia contigo. No te equivoques dando prioridad a nadie antes que a ti misma.

CAPÍTULO 5

AMOR DE MADRE

Ha llegado el momento de hablar del principal motivo por el que te encuentras en estos momentos leyendo este libro.

Aquello que te ha dotado de tus más grandes superpoderes y que te hace mover cielo, mar y tierra. Es tan grande y maravilloso que te hace reinventarte cada día solo por él o por ella.

Y es que el amor que se le tiene a los hijos es indescriptible.

"Una madre puede dar el amor más grande, más puro y más verdadero que sale de un corazón, pero cuidado con pisar su terreno, porque por el bien de su hijo/a es capaz de convertirse en la peor de las fieras"

- Anónimo.

Alguna vez te has preguntado: ¿cómo es que las madres llegamos a sentir un amor tan intenso, tan puro y que definitivamente escapa de nuestra comprensión?

El amor de madre es único y es tan fuerte que es sin duda alguna el sentimiento más grande en el mundo.

Científicamente se ha comprobado que la hormona oxitocina es la responsable de que a las madres se nos active este instinto protector.

Se han realizado diversos estudios con ratones en los cuales se observaba cómo las madres si notaban peligro y estaban solas intentaban protegerse a sí mismas, mientras que en presencia de sus crías lo que hacían era instintivamente correr primero a proteger a sus crías anteponiéndose ellas al peligro.

La manera en la cual llegaron a la conclusión de que esta hormona estaba involucrada es debido a un experimento. Si bloqueaban los receptores de oxitocina las hembras actuaban nuevamente como si estuvieran solas, buscando únicamente su autoprotección.

Mientras que, por otro lado, inyectaron oxitocina en los receptores de hembras que no eran madres desarrollando que estas se volvieran sensibles a los llantos de las crías.

Por lo cual, se llegó a la conclusión de que esta hormona, llamada **"la hormona del amor"**, juega un papel importante en despertar este instinto maternal.

Así es que date cuenta de la maravilla y contraste que podemos llegar a dar por este gran amor de madre. Podemos de verdad pasar de un estado de entrega y dulzura hasta la más grande fuerza por protegerlos.

Un bebé llega a este mundo "estresado/a" debido al gran cambio que ha supuesto para él/ella dejar aquel lugar en donde se sentía seguro/a y protegido/a. Enfrentarse de pronto a tantos estímulos externos no es sencillo y por ello demandará constantemente tu presencia. Y esto tal y como lo has ido viendo con el paso de los años perdura en el tiempo.

Los seres humanos necesitamos sentirnos seguros.

¿Recuerdas la pirámide de Maslow? Pues bien, recuerda que es primordial sentirnos seguros y protegidos en nuestro camino hacia la autorrealización. Por ello, llega un momento en que como madre parece que te convirtieras no solo en guía, sino en una abastecedora.

QUE CADA VASO DE LECHE CUENTE

Esta noche mi hija de 3 años me ha pedido ver una película. Se la he puesto y ella se ha ido a sentar en una silla de madera que le regalaron sus abuelos y le encanta. Pues bien, de pronto e inconscientemente, ella ha recordado que mayoritariamente cuando se sienta en esa silla de madera es para tomarse su vaso de leche.

Con cara de asombro y hasta poniéndose el dedo índice en la mejilla me pregunta:

—¿No te he pedido me hicieras una lechita?

Yo le contesté:

—No, princesa, no me has pedido nada.

Y ella vuelve:

—Pues entonces hazme la lechita, por favor.

En ese preciso momento yo platicaba con mi madre desde México, pero ella no se iba a detener a pensar si me interrumpía o no. Simplemente se percató de que raramente le había faltado pedirme su leche.

Sin embargo, riendo le comenté a mi madre que me había sentido como la Cenicienta por la manera en que ella se ha dirigido a mí.

Mi interpretación de sus palabras solo fue:

"¿No te he pedido me hicieras la leche?" y "Entonces hazla".

Como ves, hasta antes que yo lo analizara de esta manera simplemente quedaba de manifiesto su relación **entre silla de madera = vaso de leche.**

Pero yo, que soy la que tenía cortar una llamada y levantarme a preparar el famoso vaso de leche caliente, no lo entendí así.

Sin embargo, la realidad es que mi hija no me ve como la Cenicienta. Y de hecho ella misma agregó posteriormente:

—Me haces la leche, por favor, con mucho cariño porque eres mi mamá.

Quizá porque al escuchar mi comentario ella quiso dejarme claro que las ideas negativas relacionadas a lo que pasaba solo estaban en mi cabeza.

Y ella como niña pequeña sabía cómo son todos los niños. Me ha hecho comprender con el siguiente comentario la realidad.

Que me lo pide a mí porque soy su mamá, no porque me vea como alguien a quien mandar. Sino porque ser mamá no solo significa guiar, sino también abastecer de lo que necesitan para crecer sanos y fuertes.

Sin embargo, somos nosotros los adultos los que nos empeñamos en ver las cosas más complicadas de lo que en realidad son.

He querido compartirte este ejemplo porque si aprendiéramos a ver la vida sencilla como en realidad es podríamos disfrutar más de ella.

Obviamente lo que me ha dicho mi hija seguidamente "Con mucho cariño porque eres mi mamá" ha hecho que fuera realmente sintiendo amor en la preparación de la leche, orgullo y agradecimiento infinito de ser yo la que ella eligió para proveerla y guiarla.

No por nada dicen que son ellos los que vienen a darnos un gran aprendizaje, por esto deberás estar lista a cada señal.

Disfruta y aprende de cada señal por pequeña que esta sea. Permítete sentir el amor dentro de ti y disfrútalo en total plenitud.

Recuerda que cada instante a su lado es irrepetible. Haz que cada vaso de leche cuente.

MAMÁ QUIERE LO MEJOR

Es indudable el hecho de que como madre siempre estés buscando dar lo mejor a tu hijo/a. Obviamente **"lo mejor"** viene determinado por tus creencias.

Así es que mientras para ti lo mejor puede ser que tomen cada día un **zumo de naranja**, para otra mamá es perjudicial teniendo en cuenta que los nutrientes de la naranja no se absorberán igual y se inclinará más por dar una naranja pelada en trozos. **¿Has visto la enorme diferencia?**

Pues bien, por esto es importante que como madre te actualices en todos los temas referentes a la educación de tu hijo/a como el que acabamos de tocar de la alimentación.

Constantemente hay avances y descubrimientos muy interesantes que podrán ayudarte a mejorar. ¿Alguna vez has escuchado que hoy en día, en el ámbito laboral, empiezan a exigir que las personas se actualicen cada vez más?

Los profesores, por ejemplo, deben tomar repetidamente cursos pues las asignaturas van cambiando con el tiempo. O qué me dices de los informáticos que como no se actualicen se pueden quedar sin empleo. Cuando un informático está terminando un estudio ya está saliendo otro más nuevo.

Lo mismo con los doctores... En general, todos tenemos que actualizarnos. La vida humana está ahora mismo viviendo un momento de crecimiento de conciencia muy amplio.

Cada vez son más personas vegetarianas, más los que nos acercamos al yoga y meditamos. Más los que buscamos libros de crecimiento personal y queremos entender lo que es la vida de verdad. Si tú como madre no te actualizas no avanzarás en tu crecimiento y corres el peligro de perjudicar enormemente a tus hijos.

Ya en el primer tomo de esta trilogía te hablé de la historia del té de manzanilla y de cómo se ha utilizado durante mucho tiempo esta infusión con un poco de "miel" para calmar los cólicos. La miel está en la actualidad "prohibida" para menores de un año por riesgo de botulismo.

Este es tan solo un ejemplo de la importancia de no seguir cual "borrego" un consejo solo porque es lo que se ha hecho siempre. Cada cosa que hagas por tus hijos debe ser realmente lo mejor dentro de lo que tú logras a comprender como tal.

Sabemos que a ciencia cierta no podrás ser perfecta, pero sí que puedes informarte antes de llevar a cabo una acción determinada, sobre todo si es de salud.

¡Con la salud no se juega!

Pues bien, ya te he dejado claro que tu deber como madre también incluye una actualización de sistema cual ordenador.

Sin embargo, veamos qué cosas no son consideradas "como lo mejor" y por qué.

EL PODER DE LAS PALABRAS

Hoy en día estamos tan expuestos a observar cada día una realidad superficial de los demás que acabamos creyendo y asumiendo que esa realidad virtual es la verdadera.

Concretamente en las redes sociales podemos observar mamás que se dedican exclusivamente a "posturear" su vida como madres. Crean una escena perfecta después de horas y horas de mucho trabajo para conseguirlo y eso después tiene una gran repercusión.

¿Quién no quisiera ser así de perfecta? Seguir este tipo de madres que se dedican a esto no está nada mal. De hecho, muchas de ellas lo han hecho ya una profesión y forma de vida y al dedicar tantas horas a esto terminan por de verdad ofrecer datos de interés para las madres, como los nombres de las tiendas en las que consiguieron cada cosa que fue la solución a su problema.

Sin embargo, es esto lo que no debes olvidar. Detrás de ellas hay empresas patrocinando absolutamente todo.

Es decir, que ellas no compran estos productos, se los obsequian a cambio de promocionarlos en sus redes sociales y además reciben un pago económico extra según sea el caso de la fama que tenga en cuestión.

Hasta aquí todo es maravilloso. El problema viene si tú como madre no lo sabes separar. El querer darle lo mejor a tu hijo/a no va tener su raíz en si lograste celebrarle el cumpleaños con una fiesta extremadamente temática y maravillosa.

Este tipo de cosas sí te las puedes permitir, te hacen ilusión porque eres una mujer muy visual, como en mi caso. Yo debo reconocer que al ser tan visual me encantan los pequeños detalles. Sin embargo, soy consciente de que estos detalles solo me hacen feliz a mí, no a mi hija.

Así es, la realidad es que muchas mamás realizan la fiesta para ellas y para el qué dirá la sociedad.

Después vuelven a casa y es aquí donde cada palabra y cada gesto que hagan marcará enormemente la vida de los niños/as.

Así es, no tires en saco roto lo que te estoy diciendo ahora mismo. Es muy cierto que, si ahora te recuerdo que tu hijo/a es una criatura indefensa, que está confiando en ti, me dirás "Ya lo sé". Pero la realidad es que la rutina del día a día hace que muchas madres lo olviden.

Te voy a explicar un caso. Hace poco tuve la oportunidad de convivir con padres con hijos de diferentes niveles económicos.

Una pareja se veía realmente con recursos económicos muy bajos, sin embargo, el padre me dijo:

—Yo soy un payaso con mis hijos, me da igual que la gente piense que hago el ridículo porque yo sé que darles tiempo de calidad es lo que más van a recordar.

Definitivamente estuve muy de acuerdo con él. Cuántas personas hay que permiten que su vida se les vaya trabajando y lo más valioso, que es su familia, la tienen totalmente descuidada.

Entiendo que hoy en día la vida exige trabajar cada vez más, sin embargo, en el tercer tomo ya profundizaremos mucho más para que logres conseguir trabajar y ser una mamá exitosa de verdad.

Ahora quiero centrarme en que tú como madre debes cuidar cada detalle con cariño hacia ellos o, por lo contrario, después no te quejes si creas unos delincuentes en potencia.

Y no, no exagero.

Pues bien, también tuve la oportunidad de convivir con unos padres con un nivel económico mucho mayor.

Primero noté que la madre usaba "**palabras**" sin darse cuenta del poder tan fuerte que estas tendrán sobre sus hijos en el futuro.

"Eres malo" o "Eres tonta". A simple vista parecen palabras inofensivas, sin embargo, esto es **etiquetar.**

Si tú te diriges a tus hijos con estas palabras, lo único que puedes esperar es que ellos se comporten de manera **"tonta"** y te hagan **"maldades".** Y aquí inicia una bola de nieve gigante, pues no solo estarás provocando que actué así contigo, sino que el niño/a asumirá que es tonto o malo y creará su autoconcepto basado en lo que tú, su mamá y su mayor referente junto con su papá, le estáis creando.

También presencié cómo con gran "ligereza" usaba la madre violencia también física, aunque no fue más que lo que se conoce vulgarmente como un "cachete a tiempo".

La realidad es que cuando yo veo que los padres hacen cosas así en público solo puedo pensar en todo lo que **podrán hacer en privado.**

Este daño es realmente irreparable. Estos niños, aunque puedan llegar a tener muchas cosas materiales y acudir a colegios con profesores realmente muy cualificados, tristemente pueden llegar a ser unas personas con un "gran futuro". ¿Sabes por qué?

Porque si son tontos y malos, lo seguirán siendo todo el tiempo. Así de claro.

Cabe destacar que el nivel económico no determinará absolutamente nada. Es decir, el hecho de que en mis ejemplos los padres con nivel económico superior no tuvieran en cuenta el poder de sus palabras no es específico de las personas de alto nivel económico, ni mucho menos.

Así como podrás encontrar padres con poco nivel adquisitivo con malas maneras, también las encontrarás con un alto nivel. Esto es indiferente.

Sin embargo, he querido darse este ejemplo para que veas cómo este pequeño detalle puede influir favorable o desfavorablemente, sin importar la educación académica recibida.

Por ello, tú como mamá superpoderosa debes cuidar tus palabras porque están llenas de poder.

Así es. Parte de tu poder rojo, radica en tus palabras que dediques a tus hijos. O las haces desde el **"ego"** o las haces desde tu maravilloso poder rojo lleno de amor.

No es lo mismo decirle varias veces al día **"te amo"** a durante **las 24 horas ininterrumpidas**. Hay que cuidar como si fueran el pétalo de la flor más valiosa del universo las palabras que les diriges.

Y qué me dices de tus gestos y actitudes, expresiones…

Tener especial cuidado con tu **vocabulario** será esencial. Si sueles decir palabras altisonantes te invito desde ya a dejarlas.

Y no solo si tu hijo/a tiene la edad de empezar a hablar, sino porque es **muy vulgar** escuchar una mujer expresarse de esta manera.

Tú ponte a pensar. Si tú eres una mujer que ahora sabes que estás dotada de grandes poderes como el del amor infinito que te da tu **poder rojo** y vas por la vida expresándote con palabras tan llenas de energía negativa, dime y sé sincera.

¿Qué piensas que estás creando en tu vida? Pues más de esto obviamente.

Veamos un poco a nuestra querida amiga la ley de la atracción. Recuerda que creas o no en ella, ella siempre está trabajando para ti y para todos en este mundo de igual manera que la ley de la gravedad.

Así que donde tú pongas tu energía, estarás creando una realidad. Por consecuencia dime, ¿tu pareja es un hombre que usa palabras altisonantes todo el tiempo?

¡Pues realmente no me extraña!

Y te aseguro que tus hijos el día de mañana se convertirán en personas vulgares porque es lo que están aprendiendo de ti y su papá, ¡pero es que hay más!

La cara que se te pondrá cuando escuches que las usan para dirigirte a ti... Está será un poema y no precisamente romántico.

¿Ves cómo todo está realmente en tus manos? Si tú te transformas en tu mejor versión bendices tu familia.

Es curioso cómo hay personas que se pavonean mucho porque han conseguido tener determinados estudios académicos.

Sin embargo, luego los ves escribir o los escuchas expresarse hablando y los estudios al parecer como llegaron se fueron pues se expresan como si hubieran crecido en un barrio de mala muerte. Por el contrario, puedes llegar a conocer gente de bajos recursos económicos con una muy buena educación.

Y todo porque los padres creyeron que lo más importante era lo material.

Y ojo, yo no te estoy diciendo que no busques la manera de darles lo mejor materialmente hablando. De hecho, te digo que como madre es tu obligación que no les falte de nada.

Así que, si tú consideras que una cosa que te puede suponer un mayor esfuerzo es lo mejor, lo haces sin duda alguna.

De todo esto también ya te hablaré a grandes rasgos en el siguiente tomo para que puedas dedicarte a algo que de verdad te permita bendecir.

NORMAS EN CASA CON PODER ROJO

Ahora sigamos trabajando en mejorar todo lo que tú das a tus hijos y en lo que repercutirá en ellos cada cosa.

De sobra está recordarte que, si tienes "vicios nocivos" y no los has dejado, ya ni siquiera por amor a ti misma, el daño que les haces es irreparable.

El tiempo que les dediques desde luego deberá ser de calidad, pero... ¿Qué tienes tú entendido como calidad?

Volvamos a las fotos de las mamás *influencers*. Estas probablemente te pongan una foto disfrutando de unas vacaciones en las islas Maldivas con sus queridos hijos, posando en los más increíbles hoteles. Y esto puede llevarte a confusión.

Por supuesto que llevar a tus hijos a unas vacaciones increíbles es tiempo de calidad. Pero, ¿estás de verdad con ellos?

La mayoría de los padres hoy en día no pueden estar ni un solo momento sin el famoso "móvil" capturando cada momento y esto no está del todo mal si lo que haces es capturar momentos con tu familia. El problema principal viene de esas madres que se van a lugares espectaculares o no y se sientan horas y horas, "según" pasando tiempo con sus hijos, mientras están cotilleando en su móvil cosas superficiales mientras la vida se les escapa de las manos.

Los hijos están prestados, aunque duela reconocerlo. Crecen a una velocidad tan rápida que como te despistes ya te has perdido la mejor escena de tu propia vida.

Yo no te digo que no seas una mamá superpoderosa que no use redes sociales para nada. De hecho, repetidamente te he invitado a publicar alguna cosa que creas pueda ayudar a bendecir a otra mamá como tú.

Lo que debes de cuidar es que este momento que dedicas para tu ocio no sea robado a tus hijos, ¿me explico?

Lo mismo con el tema de dejar o no que utilicen ellos mismos el IPad o el móvil. No es lo mismo "Vente hijo/a vamos juntos a ver esto que creo será de tu interés" y buscar la manera de que sea algo educativo, divertido y que no dañe los ojos.

Es decir, en mi caso envío el contenido a la televisión, lo cual es una buena manera de mantener los ojos a mayor distancia que sosteniendo el iPad o el móvil en manos, ¿no crees?

Además, me aseguro de que el contenido de verdad sea adecuado a su edad. Dejarles estas cosas mientras tú no puedes vigilar es realmente un peligro.

Cabe destacar que el tiempo en el que realicen esta actividad deberá ser controlada por ti, ya que está demostrado que la exposición larga a este tipo de aparatos puede llegar a ser perjudicial.

Mientras tú puedas controlarlo, hazlo. Tus hijos deben entender que en casa hay reglas que seguir y que estas están hechas para el cuidado y protección de todos los habitantes de esta.

Los niños tienen una gran **capacidad de comprensión** y podrás sorprenderte enormemente cuando empieces a ver que no solo aceptan tus normas, sino que realmente entiende que es para su beneficio y te lo agradece.

Mi hija de 3 años cuando le explico el porqué de realizar alguna norma de casa suele agradecérmelo. Me repite todo el beneficio obtenido un ejemplo:

—Gracias, mamá, que me has permitido ver tan solo un capítulo de mis dibujos favoritos porque más no va bien para las niñas pequeñas.

Así es todo eso, me lo dice tal cual, pues tus hijos tienen la misma gran capacidad de comprensión. Hazla tu aliada para el momento de establecer las normas de casa.

Verás que, si todo lo haces desde tu **poder rojo amoroso,** todo irá de maravilla.

CANASTAS MÁGICAS

Un estudio coreano encontró que **los niños de 2 años** que miraban televisión por **más de 2 horas** al día, presentaban problemas en el **desarrollo del lenguaje.**

Por lo cual, debes buscar alternativas para su entretenimiento menos perjudiciales en este caso.

Las actividades lúdicas son fundamentales en la vida de los niños. A través de estas los más pequeños comienzan a establecer contacto con el mundo.

Es la herramienta natural con la que expresan sus sentimientos de rabia, miedo, tristeza o alegría.

Te recomiendo crear tus propias **"canastas temáticas"**, es decir, con la ayuda de diferentes canastas o bolsas de tela creas una especia de temática para diferentes tipos de juegos.

Un ejemplo: puedes tener la canasta de los cuentos y en ella pones solo cuentos adecuados a su edad, si aún no sabe leer pues los cuentos serán mucho más sensoriales (llenos de imágenes o texturas, sonidos, etc.).

O bien, si ya sabe leer, pues con mayor razón tener una lectura que le ayude en su futuro y despierte su creatividad. Además, que como bien te comenté cuando hablé de los cuentos de Disney, los cuentos en sí tienen un gran valor educativo.

En ellos puedes encontrar muchas maneras de trabajar diferentes temas que puedas estar viviendo en la actualidad. Por ejemplo, la llegada de un hermanito/a, enfermedades, cambios de escuela, hábitos... Hasta incluso el duelo.

Los cuentos pueden ser tu mayor aliado y no solo mientras sean muy pequeños.

Una canasta puede ser **más musical**. Con instrumentos de hechos de madera puedes encontrar hoy en día un sinfín de variedades de estos.

En México suelen hacerlos de manera totalmente artesana y son realmente preciosos por sus diseños y calidad.

Otra canasta puede ser más para manualidades con plastilina, colores, papel, etc.

Puedes crear incluso la canasta de la relajación, con objetos relajantes. Instrumentos de este tipo como pelotas de masajes, mantas de colores... Deja volar tu imaginación.

Tener estas canastas o bolsas listas pueden ser de gran ayuda para esos momentos en que necesitas hacer una cosa y el niño/a te pide la televisión, iPad o móvil. Tú le dejas elegir entre estas maravillosas canastas.

Obviamente, sin dejar de lado el rincón especial del juego simbólico que puedes crear en su habitación donde pueda jugar con más libertad a las muñecas, a doctor, bomberos, etc.

Incluso puedes crearle la famosa **"panera de los tesoros"** para que puedan jugar a experimentar. Esta panera es un recurso muy utilizado en la educación infantil y está basado en la pedagogía Montessori. Se trata de un juego heurístico, es decir, de "descubrimiento".

Consiste en conseguir una canasta o panera en la cual incluyas objetos diferentes para que el niño/a pueda manipularlos y experimentar con ellos. Lo ideal y más recomendable es que sean objetos reciclados o naturales.

Esta idea es muy buena pues utilizas objetos de diferentes texturas, sonidos y formas, así como ayuda a que conozcan más de cerca la naturaleza ya que según la estación del año puedes colocar hojas, piñas de pino, arena dentro de botellas, etc.

Prepárale las cosas relacionadas para este tipo de juego y déjalo/a descubrir el mundo a través de sus sentidos.

En resumen, permite que tu hijo/a tenga contacto con aparatos tecnológicos porque hoy en día es indispensable que tenga dominio de ellos, pero controlando tiempos y espacios.

Y crea alternativas más educativas para su entretenimiento que le permitan entretenerse sin dañar su desarrollo.

Pero, sobre todo, recuerda que no hay excusas.

Preparar este material para tu hijo/a debe ser un momento de disfrute a su lado. Tu puedes invitarlo/a si ya tiene edad para participar y organizarlo todo.

Dedicar unos minutos a la preparación de este tipo de actividades puede marcar una gran diferencia en la educación que le estés dando.

Porque una mamá superpoderosa es creadora, no destructora.

"La pereza puede parecer atractiva, pero el trabajo da satisfacción"

- Anne Frank.

NIÑOS DESPIERTOS

Hoy en día la sociedad se queja de que a los niños los ven "muy despiertos" o "precoces" tan solo porque ven que hacen uso de la tecnología con soltura o porque los ven teniendo actitudes de adultos.

La realidad es que el hecho de que les gusten cosas de adultos, como la música que no es adecuada a su edad o se vistan como "mini adultos", no tiene nada que ver con esto.

Simplemente aprenden de ti, de su papá y de todo su entorno social.

De esto nos hablaba Bandura en su teoría del aprendizaje social, en la cual señala que la conducta humana en su mayoría es aprendida y no innata.

Así que los niños y niñas **observan las conductas** que tiene su entorno social y lo repiten.

Es decir, que simplemente si tu hijo/a te ve cada día leer un libro, llegará un día que, aunque aún no sepa leer, le verás cogiendo un libro e intentando leerlo con mucho entusiasmo.

Veamos en la siguiente imagen los factores que Bandura señala de gran influencia en el aprendizaje.

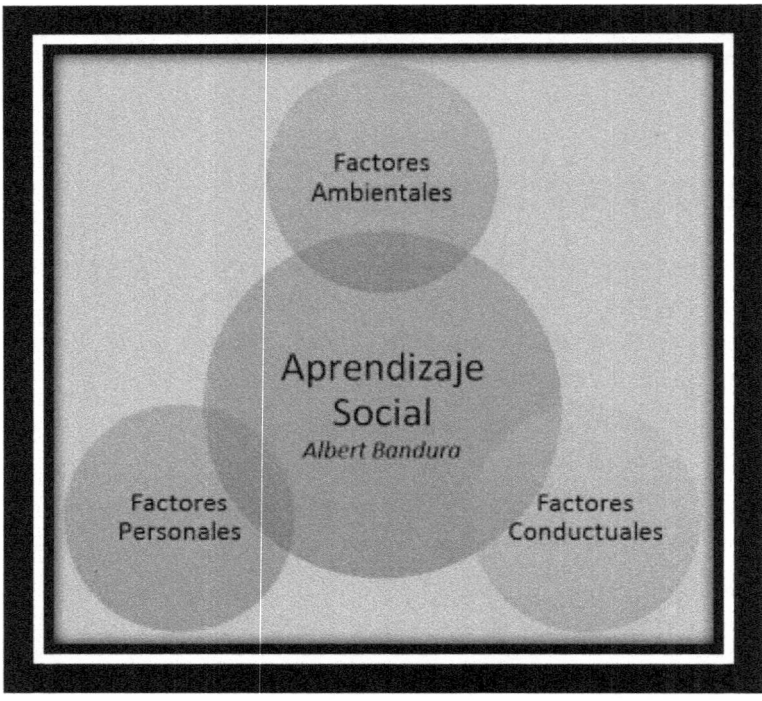

Ahora que ya los conoces y eres consciente de la influencia que tienen en la educación que das a tu hijo/a, podrás tener mayor cuidado con el ejemplo que estás dando en casa.

Por lo cual, si tú realizas por ejemplo este tipo de ideas como las canastas o, a tu manera más personal, le preparas material lúdico más apto para cada etapa que está viviendo y tu hijo/a en casa tiene acceso a él, estarás de verdad marcando una diferencia. Muchos padres esperan que estas cosas las hagan los profesores en las escuelas y lo hacen. De hecho, este es su trabajo, pero a pesar de que el aprendizaje que ellos contribuyen a que tus hijos adquieran desde la escuela es muy importante, no es parte de su base.

Te voy a dar ejemplos más claros. Si tú en casa permites que tu hijo/a escuche música para adultos y dejas que vea vídeos en los cuales bailan de manera poco a apropiada para su edad, ellos muy probablemente en la escuela no sentirán entusiasmo por las canciones infantiles y educativas. Mientras que si tú colaboras con el colegio hombro con hombro, consciente de que este centro educativo es parte de tu equipo para lograr una buena educación, entonces realmente te sorprenderás de los resultados.

Te daré otro ejemplo. Hace poco fui a recoger los libros de mi hija que iniciará el parvulario y entre sus libros veía una guía para las familias. Uno de los libros es de religión, que si estás de acuerdo o no en esto es respetable.

En mi caso, me gusta que mi hija de 3 años lleve esta asignatura. No para que el día de mañana se de golpes de pecho, vaya a misa todos los domingos sin falta, etc.

La idea de que lleve esta asignatura me gusta porque todos debemos tener unas nociones de quién es Jesús, María, José y, como decía el excelente comediante mexicano Cantinflas, **"Nomás falta la burra y pedimos posada".**

Pues sí, creo que es importante que lo aprenda porque crecer sin sentirte amada por una fuerza más grande que lo que somos los seres humanos ha de ser realmente muy triste. Pero también porque en los colegios a través de la asignatura de religión se enseñan muchos "valores", como que conozcan la "honestidad" "obedecer a sus padres", "respetar a los demás", "empatía"...

Todos estos valores son muy importantes y si esta es una manera de aprenderla se me hace maravilloso. Pero volviendo al ejemplo de colaborar con las familias...

Me venía una petición de colocar una fotografía de Jesús en la habitación de la niña y otra de ella al lado. La idea es que la niña lo empiece a ver como un amigo.

La idea se me hace por demás muy linda y, sin embargo, puedo garantizarte que no lo harán todos los padres.

Ocurrirá por diferentes motivos: porque no creen en Jesús, porque les da pereza, porque no lo creen importante, etc. Lo malo será que si no lo hacen de nada servirá que en el colegio les digan que Jesús es su amigo, pues el niño/a sabe que para sus padres no es algo de importancia.

Este tan solo es un ejemplo, pero temas para colaborar tendrás muchas oportunidades. Por ello yo te recuerdo que una mamá superpoderosa tiene **VALORES.**

MAMÁ TIENE VALORES

Pero sé honesta y dime, ¿de verdad conoces tus valores?

Los valores puedes reconocerlos porque su principal característica es que una vez que te los saltas te sientes mal contigo mismo.

El hecho de no actuar en coherencia con ellos puede hacerte sentir vergüenza o culpa. Estos valores los has ido adquiriendo a lo largo de tu vida, de tus padres, profesores, amistades. Todos aquellos que han participado de tu educación ya sea directa o indirectamente.

Así es como los has ido interiorizando y hecho tuyos, por ello cuando no los estás aplicando te sientes terriblemente mal y emociones negativas aparecen en la ausencia de estos. Tú los has interiorizado como tus propias leyes universales.

Una mamá superpoderosa **es fiel a sus valores**, es decir, que si tú elegiste un colegio y este te pide colaboración debes colaborar. Así de claro. Si no estás de acuerdo con que en este colegio se pidan cosas de aspecto religioso, entonces debiste escoger otro tipo de colegio para tus hijos que fuera compatible con tus valores.

Porque si no, solo estarás creando gran confusión en tu hijo/a y esto puede afectarle porque él o ella ahora está formando su autoconcepto, es decir, está creando la imagen que tendrá en el futuro de sí mismo/a.

Por lo cual, es importante que tus palabras y tus hechos tengan coherencia.

Las personas adultas con el tiempo vamos dejando de lado gran parte de nuestros valores. Muchas veces por miedo a defenderlos delante de personas que no los comparten.

Por ejemplo, dime. ¿Qué opinas tú de la crítica? ¿Te gusta? ¿Te agrada que los demás te critiquen o hablen de ti a tus espaldas?

Estoy segura de que la respuesta es un rotundo NO. Entonces seguramente si no te gusta que esto lo hagan contigo es porque dentro de tus valores está el de respetar a las personas que son diferentes a ti, ¿cierto? Ahora imagina que estás reunida con tus mejores amigas y ellas empiezan a criticar a una que está ausente. Todas comparten la misma opinión y lo tienen muy claro. ¿Tú qué harás?

Pues, aunque en un principio quieras negarlo, lo que muy probablemente harás es callar y permitir que critiquen a tu amiga ausente. Incluso dejarás caer algún comentario por muy pequeño e inocente que parezca, asintiendo que lo que ellas dicen es cierto.

Entonces, querida amiga, no estás siendo fiel a tus valores. Estarás fallándote a ti misma únicamente por miedo a lo que pensarán las otras personas con valores diferentes.

El resultado es muy claro. Marcharás con una sensación incómoda, sintiéndote mal por haber participado en algo de lo que en realidad no estás de acuerdo en hacer.

Y también con una gran **confusión sobre tus valores**, porque ahora no sabes siquiera si eres una persona leal o no, ya que lo que acabas de hacer es traicionar a la amiga ausente. Así es, sentirás sensación de **decepción** contigo misma. Esto será más notorio dependiendo que tan sensible seas, sin embargo, el daño está hecho.

Y aunque no veas los efectos inmediatos, tu interior ha tenido un cambio. Has enviado una energía negativa y contradictoria que traerá consigo una factura alta.

Somos lo que pensamos y lo que piensan las personas de las que nos rodeamos.

Identificar nuestros valores propios y aplicarlos nos facilitará tener una crianza feliz y una vida feliz.

No será fácil identificarlos ya que requiere de realizar una verdadera introspección. Debes conseguir detectar qué es lo que realmente te mueve a ti sin dejarte nada, con total honestidad.

EJERCICIO: PODER ROJO VALORES

Por ello, es momento de ponerse manos a la obra y hacer el siguiente ejercicio.

La idea es que logres reconocer tus valores y analices qué tanto los estás aplicando en tu vida y, sobre todo, qué tanta coherencia tiene con la educación que estás dando a tu hijo/a.

Saca tu libreta de ejercicios del **poder rojo** y ponte manos a la obra.

Haremos una actividad del poder rojo basada en reconocer tus valores.

A continuación, haz una lista de los posibles valores que detectas y posteriormente crea una tabla con tres columnas.

En la primera apunta el valor que has identificado, en la segunda apunta con toda honestidad si los estás aplicando en tu actualidad y en la tercera escribe cómo harás para aplicarlo en tu vida y de esta manera tu hijo/a pueda adquirirlo.

Te pongo un ejemplo en la siguiente tabla.

GRATITUD	Lo aplico constantemente.	Doy las gracias siempre, delante o no de mi hijo/a. Por ello mi hijo/a, cuando hago algo por él o ella, me lo agradece pues al ver que yo lo hago lo interioriza.
RESPETO	Honestamente me estoy fallando. Permito que las personas de mi entorno se expresen delante de mí de maneras que no considero prudentes.	A partir de ahora procuraré ser fiel a mis valores y no participaré de conversaciones con tinte negativo para que mi hijo/a crezca viendo que lo normal es hablar bien siempre.
RESPONSABILIDAD	Soy bastante responsable, pero creo que a mi hijo/a no le estoy enseñando cómo hacerlo bien.	Procuraré hacer evidentes mis actos responsables. Le reforzaré de manera positiva con un incentivo cuando realice un acto responsable como al "recoger los juguetes después de jugar con ellos".

Como ves, no es tan complicado hacer este tipo de ejercicios y verás en ti realmente una gran transformación.

La satisfacción que sentirás cuando te veas a ti misma siendo fiel a tus valores y lo sepas porque los conoces y los refuerzas es inexplicable.

Ser fiel a tus valores es un acto realmente poderoso que muy pocas personas realizan. Por lo cual, te hará sentir especial y estarás dando un ejemplo a tus hijos realmente superpoderoso.

Una mamá superpoderosa detecta ese momento en el acto en el que sus valores están en juego y defiende sus valores como una verdadera fiera.

Ten valentía de quedar mal con los demás para serte fiel a ti misma.

Esto último es muy fuerte, pero es real, aunque por suerte el mundo empieza a hacer un **despertar de conciencia** del cual tú como madre debes formar parte.

Recuerda que Dios te ha dotado de poderes y bendiciones al convertirte en madre y tu deber es corresponder haciendo un buen trabajo. ¿Cómo saber si estás realizando un buen trabajo?

Pues bien, sabrás que lo estás haciendo bien tan solo teniendo la seguridad e que la mujer que existe dentro de ti está siendo atendida y sí está entregando lo que de verdad tiene para dar a sus hijos, a su pareja y a su entorno.

Porque recuerda que, aunque tú lo creas o no, estamos conectados y cada acción tuya influye en todo el universo.

De aquí la importancia de hacer un cambio y de aquí la importancia de mi propósito en esta trilogía en la que pretendo hacer llegar este mensaje al mayor número posible de mamás en el mundo, primerizas, "segundizas", "tercerizas"... Es igual la cantidad de hijos o edad que tengas en este momento.

Siempre estarás a tiempo para realizar **un cambio** y quizá haya ahora mismo una mamá cerca de ti que tampoco tiene idea de que sus decisiones repercuten tanto.

No sabe cómo actuar ante todos los cambios constantes, una madre que quizá ya como persona le costó mucho reafirmarse y encontrar su lugar en el mundo igual que a ti en su momento.

Ahora debe seguirse reafirmando mientras hace de guía y acompaña en este proceso de la vida a estas personitas valientes y maravillosas que un día te eligieron para venir a tu lado.

Y tú con esta información vas y le solucionas la vida. Imagínate qué maravilla. Porque nada en este mundo es casualidad y si ahora mismo estás leyendo esta información sin duda es por algo.

Como has podido ver hasta ahora, como madre tienes un abanico de posibilidades muy amplio para demostrarle tu amor a tu hijo/a.

Sin embargo, debes de tener mucho cuidado en no tocar límites. Es decir, no volverte una mamá absorbente que cree que sus hijos exclusivamente solo estarán bien en tu presencia y con tus cuidados porque esta idea es muy peligrosa.

Y mucho menos caer en la sobreprotección, la cual nada tiene que ver con ser una mamá precavida.

Hay un abismo entre una mamá que simplemente indica cuando ve el peligro y alerta para prevenir, y otra muy diferente en hacer absolutamente todo por él o ella.

Por esto debes tener claro el tipo de educación que darás como madre y como compañera de tu equipo de "papás".

Veamos algunos **estilos parentales** para que puedas buscarte e **identificarte** más con el tipo de estilo que estás empleando.

Es de gran importancia que lo tengas claro porque solo así podrás guiar al padre de tu hijo/a para que colabore en llevarlo a cabo.

Pero, sobre todo, es importante que identifiques **tu estilo** para que puedas observar si estás pasando algún limite que no esté siendo del todo beneficioso y te ayude a rectificar.

AUTORITARIO	**DEMOCRÁTICO**

▲ Normas rígidas.	▲ Normas acordes.
▲ Obediencia.	▲ Valores.
▲ Disciplina.	▲ Afecto.
▲ Escaso apoyo emocional.	▲ Responsabilidad.
▲ Castigo.	▲ Comunicación asertiva.

NEGLIGENTE	PERMISIVO

▲ Ausencia de los padres.	▲ Poca supervisión.
▲ Abandono de la responsabilidad.	▲ Afectividad sin restricciones.
▲ Indiferencia.	▲ Flexibilidad.
▲ Frialdad.	▲ Falta de autoridad.

CAPÍTULO 6

AMOR EN EL ENTORNO DE MAMÁ

Como has podido ver hasta ahora, como madre siempre estarás necesitando de tu maravilloso **poder rojo** que te conecta con el amor verdadero.

Ahora tienes la certeza de que el amor va más allá del amor romántico de pareja. Has podido tener contacto con tu amor propio e incluso has conocido las diferentes maneras en las que demuestras a tu hijo/a el amor de manera totalmente transversal.

Es decir, que ahora eres consciente de que el amor de madre no tiene nada que ver con sacrificarte, sino que significa esfuerzo y dedicación. Tendrás que trabajar duro, pero no necesariamente anteponiendo tus anhelos e intereses de tu esencia de mujer.

Las personas usualmente creen que el solo hecho de decir un "te quiero" o demostrarlo con caricias es que están demostrándolo de verdad.

Sin embargo, en el capítulo anterior has podido ver que existen cosas que hasta ahora ante tus ojos estaban pasando totalmente desapercibidas. Pero al hacer las actividades para potenciar tu **poder rojo** has podido ver la magia aparecer ante ti.

Pues bien, esta magia del poder rojo muchas veces se ve afectada por nuestro entorno. Tal y como te comenté en el capítulo del amor propio, las personas que nos rodean tienen un fuerte impacto en nosotros.

Pon atención por un instante a las personas de tu alrededor. Dedica un momento en pensar en las pláticas que sueles tener con ellos. A todos nos gusta estar con los amigos para hacer bromas y en general pasarlo bien. Sin embargo, si las pláticas giran más entorno a cosas negativas como las críticas, quejas, crisis económica, etc., después no te preguntes por favor "¿por qué te suceden cosas desfavorables? Si eres un pan de Dios".

La burbuja que estaréis creando de negatividad os afectará a todos, así que escoge bien y lo que no sume que tampoco reste.

Si es el caso de que estas personas están dentro de tu familia o tu mismo entorno laboral, lo ideal es que potencies principalmente tu poder rosa empático e intentes que la situación no te afecte, comprendiendo que estas personas no tienen la oportunidad que estás teniendo tú ahora mismo de hacer un despertar de consciencia más elevado y entendiendo mucho mejor cómo funciona la vida.

Si ellos te hacen partícipe de situaciones negativas, tu deber es dar ejemplo actuando de la manera en la que una mamá superpoderosa lo hace.

LA MAMÁ DE PABLITO

Recuerda que incluso las actitudes que tienes con los demás afectan a tu hijo/a.

Te daré un ejemplo muy claro. Imagina que te encuentras coincidentemente a la mamá de Pablito, el mejor amiguito de tu hijo, en el súper. Ambas están haciendo una fila para pagar, pero la fila no avanza porque la cajera es nueva y está teniendo constantemente errores que retrasan todo.

Tú escuchas que la mamá de Pablito se expresa con empatía hacia la cajera y le dice "No te preocupes, es normal. No hay prisa". Y espera de manera paciente y relajada hasta finalizar su compra, se despide amable de la cajera y de ti.

Tú llegarás a tu casa y le comentarás a tu esposo lo "amable y educada que es la mamá de Pablito".

Pero imagina por un momento que esta señora, en lugar de mostrar su buena educación, hubiera empezado a reclamar todo el rato a la cajera y a los encargados del súper por tener una chica que aún no tiene experiencia, expresando palabras altisonantes, etc.

Tu reacción al llegar a casa, ¿cuál crees que sería? Obviamente comentarás que "Tela marinera la mamá de Pablito".

Es decir, la señora del ejemplo en cuestión ya no solo tiene un nombre propio como María o Lucía. Ahora es también la mamá de Pablito y, si has analizado todo el ejemplo, sus acciones crean ya una influencia negativa o positiva hacia sus hijos.

Así es que, si la mamá de Pablito actuó con empatía, segura estoy de que estarás encantada de que su hijo sea amigo del tuyo. Pero si actuó de manera negativa muy probablemente te empiece a desagradar esa amistad y actuarás en consecuencia.

¿Comprendes ahora por qué ser madre no es tan solo tener un bebé en casa y cuidar de él? Ser madre es una oportunidad que Dios, el universo o como tú quieras llamarle te está dando para crear tu mejor versión.

Al convertirte en madre tienes una gran responsabilidad, pero no debes confundirla con SACRIFICIO a costa de ti misma. Tu responsabilidad es la primera, la de AMARTE INCONDICIONALMENTE. Si te amas lo suficiente segura estoy de que el amor hacia tu hijo/a será el mejor potenciador para brillar en tu propia estrella.

Así que antes de realizar actos públicos en vuestro entorno, recuerda que sean actos civilizados, bajo el respeto, empáticos y siempre dando lo mejor de ti.

Todo lo que tu estés proyectando a tu entorno ellos lo proyectarán en ti, en tu hijo y en toda tu familia.

Te daré otro ejemplo. Hace muy poco presencié cómo unas personas discutían sobre si una pareja que conocen se habían separado sentimentalmente.

Cabe destacar que ya este simple acto de crítica es negativo, pues quien se mete en la vida de los demás sin duda alguna tiene una vida muy triste y aburrida. Pues bien, irremediablemente tuve que escuchar como no tan solo lo comentaban, sino que aseguraban quien probablemente había tenido la culpa de la separación. ¿Quieres adivinar?

¡Bingo!

Se fueron a la yugular **contra la mujer** y no porque fueran sus mejores conocidos, sino porque la mujer en cuestión se le ve salir mucho de fiesta y se viste de una manera muy *sexy* según los argumentos que daban.

Esto te lo cuento para que puedas analizar toda la comunicación que todos tenemos con nuestro entorno social. Nuestros actos son el mejor canal. Como puedes ver, no importa si alguna vez han platicado contigo o no. El hecho de verte hacer cosas que ante ellos no sean "propias" ya les crea una imagen tuya imborrable.

Finalmente, no pude escuchar más de esta conversación porque participar en este tipo de cosas se me hace repugnante. La sociedad debe aprender a respetar la vida de los demás. Eso sería lo ideal. Sin embargo, tal y como te acabo de señalar, tus hechos hablan.

CREA FAMA Y ÉCHATE A DORMIR.

Una vez que tú has creado una imagen ante los demás, muy difícilmente la cambiarán.

Por ello debes tener claro primero quién eres para enviar el mensaje correcto.

Y bueno, para finalizar este ejemplo, esta mujer es madre de dos niños, y como dice la canción de Luis Miguel *Culpable o no*, está creando una fama a sus hijos negativa ante la sociedad.

Y ahora tú me dirás seguramente con palabras altisonantes que te importa muy poco lo que opinen. Pero te recuerdo que no es mi intención que vayas por la vida fingiendo ser quien no eres.

Mi intención es que seas consciente de que, **te importe mucho o poco** lo que los demás digan, afectarás positiva o negativamente a tus hijos. Tú eres tu nombre, la esposa de, mamá e hija de, etc.

Toda tu familia está representada. Así que dime, ¿te sigue importando poco?

Estos son detalles en los que muy pocas veces nos detenemos a pensar las personas en general, sin embargo, los detalles hacen la diferencia. Si el éxito fuera fácil cualquiera sería exitoso, ¿no crees?

Por ello tú debes ser lo suficientemente inteligente para que tus actos te bendigan a ti y a tu familia.

Porque una mamá víctima maldice, pero una mamá superpoderosa bendice.

CRUZANDO POR EL PANTANO

Pues bien, así como es de vital importancia que tus acciones lleven una coherencia con lo que quieres proyectar, también sabemos que hay veces que, aunque lo intentemos podemos estar rodeados de personas que nos alteran el estado de ánimo de manera desfavorable.

Si estás viviendo situaciones en las que más bien quisieras poner tierra de por medio, entonces primero que nada será importante activar tu poder rosa empático para mejorar la situación.

Sin embargo, muchas veces este tipo de situaciones surgen con familiares o compañeros de trabajo y entonces la persona se llega a sentir atrapada en un callejón sin salida.

Si este es el caso, entonces el poder rosa te servirá indudablemente, pero lo que realmente deberás activar es el poder rojo para borrar de raíz el problema.

Trabaja tu poder rojo con una oración sanadora.

Las personas más cercanas, con las que convivimos todo el tiempo, suelen ser tus maestros de esta etapa presente y el aprendizaje que te pueden estar dando, si es desagradable, es porque tiene más historia de lo que puedes llegar a imaginar.

¿Te ha pasado que llegas a un lugar y alguien te trata mal sin siquiera haberle hecho nada? Pues bien, basados en el Ho'oponopono, esto se debe a memorias que compartimos de vidas pasadas y en el caso de los familiares incluso son compartidas de manera genética.

Una mamá víctima no entenderá el aprendizaje y seguirá creando y heredando conflictos.

Una mamá superpoderosa sabe y reconoce su poder creador y actuará caminando con fe certera porque ella sabe que no tiene nada que perder.

Así que cuando te encuentres en una situación como esta, tan solo busca un lugar tranquilo, como siempre te recomiendo que lo hagas a ser posible antes de dormir.

Repite la siguiente oración:

"DIVINIDAD, LIMPIA EN MÍ TODO LO QUE ESTÁ BLOQUEANDO ESTA SITUACIÓN QUE VIVO".

Esta afirmación es muy efectiva cuando lo que deseas es cambiar o transformar una situación que te está afectando.

Si lo deseas puedes repetirlo a manera de mantra, repitiendo durante unos dos minutos.

Recuerda hacerlo en un lugar tranquilo y con fe de que esto se realice para el mayor bien de todos los involucrados.

Si los familiares o compañeros jefes, etc., son personas realmente muy tóxicas para ti, no tengas miedo de alejarte.

¿Has visto cómo hay amistades que eran por un tiempo inseparables y con el tiempo ya no has vuelto a saber nada más de ellos?

Pues estas personas no es que no fueran sinceros contigo o que no te hayan llegado a tener o tengan aún un gran cariño, pero la vida, como ya te he explicado, es como una escuela a la que venimos a aprender diferentes asignaturas pendientes.

Por lo cual aquí todos somos maestros. Así es hasta la persona que creías más insignificante en tu vida, como la que quedó contigo para llegar a hacer la fila del banco a la misma hora que tú.

Te pondré un ejemplo:

Cuando yo estudiaba el bachillerato hubo una época en la que sufría nuevamente *bullying*. Por suerte esta vez no era porque les recordara a ninguna artista, tan solo era porque era porque tanto yo como mis amigas veníamos de escuelas públicas y vivíamos en lugares que no eran zona residencial. El resto eran hijos/as de empresarios, políticos… Personas con un nivel económico superior que el que teníamos mis amigas y yo.

Pues bien, ahora mismo no recuerdo todos los detalles precisos de lo que vivíamos, pero recuerdo un día puntual en el que me empujaron por unas escaleras. No me hice daño ni nada, tan solo que me sentí muy impotente pues yo nunca he sido una persona de pelear.

Ya los estudios a mí se me estaban haciendo difíciles, pero sintiéndome humillada la cosa se complicaba aún más.

Así que recuerdo entrar un día llorando al baño del colegio creyendo que nadie me vería, pues la mayoría estaban en clase.

Sin embargo, de pronto se abrió la puerta y no era ninguna alumna ni profesora. Era una señora. Nunca supe si sería una madre de familia que fue justo ese día a visitar. Nunca lo sabré. Tan solo sé que llegó hacia mí, me dedicó unas palabras de ánimo que tampoco recuerdo y me puso un aceite natural homeopático que llevaba en su bolso y se fue.

Tan solo sé que la señora salió del baño y no la volví a ver. Es como si su misión conmigo fuera tan solo ese instante.

Yo lo sentí como una señal divina y así la acepté. Su gesto amable me transmitió una gran paz interior.

Como has podido ver, las misiones con todos nuestros maestros terrenales, o en las cuales nosotros mismos hacemos de maestros también con los demás, pueden ser enseñanzas que lleven más o menos tiempo.

Así que, si sientes la necesidad de alejarte de algún familiar, es porque seguramente el aprendizaje ya se ha concretado. Si lo haces hazlo de manera segura y tranquila.

Otra manera en la que también podrás trabajar concretamente la relación familiar es limpiando con tu poder rojo a través del Ho'oponopono cualquier tipo de memoria pasada familiar.

Si no has leído el primer tomo de esta trilogía adquiérelo ya, porque allá te explico mejor sobre este método especial para la resolución de problemas y de cómo a través de él podemos trabajar diferentes aspectos para mejorar nuestra calidad de vida.

Este método no se basa den ninguna religión. Es tan solo responsabilizarte de todo lo que te sucede siendo consciente de tus poderes interiores. Es decir, saberte creadora de tu propia realidad.

No es fácil responsabilizarte y aceptar que incluso hasta las cosas más indeseadas son culpa tuya, pero la realidad es que es así.

Por ello, trabajar tomando consciencia plena de la responsabilidad puede realmente mejorar tu vida y la de toda tu familia.

A continuación, te comparto esta frase que puedes trabajar para **borrar memorias familiares** que puedan estar causándote un conflicto en la actualidad.

BORRADOR DE MEMORIAS

"Padre, madre e hijo, todos en uno. Si yo, mi familia, mis parientes o mis antepasados te hemos ofendido a ti, a tu familia, parientes o antepasados en acciones, hechos o actitudes desde el inicio de la creación de mi alma hasta este momento, nosotros rogamos tu perdón. Permite que esto se limpie, purifique y libere transformando todo bloqueo o energía negativa en pura luz.

Así es y así está hecho".

Recuerda que Roma no se hizo en un día. Deberás realizar esta oración de manera constante.

Realízala durante treinta días de manera disciplinada, siempre antes de irte a dormir. Maravíllate con los resultados.

Confío en que así lo harás porque, ¿qué puedes perder?

Mi corazón, mientras te comparto todo esto, baila contento, pues de verdad deseo que puedas llegar a sentir tu poder creador.

No lo niegues, escúchalo, practícalo. Y benefíciate de tus superpoderes.

Si finalmente después de trabajar esto tu alma te anuncia que el aprendizaje con estas personas ha terminado, realiza tu separación de manera pacífica y amorosa.

Agradécele a esta persona todo lo que aportó hasta ahora a tu vida. Reconoce los grandes aprendizajes que te dejó.

Recuerda que si esta persona trajo momentos desagradables o pruebas grandes que superar es porque fue el acuerdo que hicieron antes de llegar a este mundo terrenal.

Así que agradécele de manera sincera y aléjate sintiendo paz en tu interior.

Y volviendo a cómo puedes encontrar un aprendizaje de quien menos te lo esperas, ¿te ha pasado que alguna vez estés haciendo una fila para el banco y en ese preciso momento llega una familia creando una escena que te llama particularmente la atención?

Piensa un poco en ello. Las escenas pueden ser desagradables como ver cómo un padre le grita a su hijo, o amorosas viendo cómo dos hermanitos juegan mientras esperan a mamá e incluso te sonríen.

Pues estos pequeños, pero no por ello menos importantes detalles, son parte de tu aprendizaje.

Todo cuenta. Nada pasa sin un motivo, causa o razón.

EL PAÍS DE LAS MARAVILLAS

Cuando hablamos de amor a nuestro entorno es inevitable pensar en ver más allá de nuestras narices.

Ahora, querida mamá superpoderosa, ha llegado la hora en la que trabajemos en tomar consciencia de qué sentimientos tienes realmente por tu entorno.

A continuación, realizaremos un ejercicio concienciador con el cual podrás descubrir qué tanto amas tu entorno y qué es lo que envías y recibes por ello.

Ha llegado la hora de sacar tu libreta de ejercicios del poder rojo y apuntar lo siguiente.

Primero que nada, ve a un lugar tranquilo, ponte música relajante si así lo deseas y haz **cinco respiraciones profundas**. Recuerda mantener tu libreta y bolígrafo a la mano para tomar nota de todos los detalles que sean revelados en el siguiente ejercicio.

A continuación, piensa en el país en el que vives. Repite el nombre del país en voz alta y visualiza este país. Así es, proyecta en tu mente la imagen que tienes ahora mismo de él. Piensa por un momento qué cosas te gustan de este país. Puede ser el idioma, la gastronomía, las costumbres… Dime, ¿te gusta la cultura de tu país en general?

A continuación, apunta en tu libreta qué sensaciones has tenido viéndolo, si alguna cosa te ha sorprendido ver o reconocer que te gusta.

Ahora piensa en cosas que no te gustan tanto de tu país. Piensa cómo crees que podrían mejorar. Ahora apunta las sensaciones de lo que no te gusta tanto de este país. ¿Qué has sentido al pensar en estos problemas?

Y posteriormente visualiza que estas cosas están mejorando.

Imagina de tu mente cómo sale una luz roja suave y brillante que es mágica y ve reacomodando todo aquello que no te gusta de tu país como si estuvieras dentro del País de las Maravillas, un país perfecto y creado totalmente por ti. Todo en él es perfecto y maravilloso. Es un lugar donde se respira paz y amor.

Dime, ¿cómo es? ¿Cómo lo ves? ¿Cómo es la gente que en él habita?

No dejes ningún detalle. Créalo todo: el clima, la flora y la fauna. No te dejes nada.

Ahora apunta qué has sentido al visualizar un país tan maravilloso y qué sientes de saber que lo has creado todo tú sola con tu poder rojo interior.

Ahora que ya tienes todo tu país de las maravillas construido, crea la casa de tus sueños. Para ello primero piensa en tu casa actual, visualiza cada rincón, así como las personas que viven contigo. ¿Quiénes son? ¿Quiénes son tus vecinos? ¿Es un lugar seguro y agradable? Piensa ahora en cosas que te gustan de tu hogar y nota que sensaciones te deja.

Apunta todo lo que te haya hecho estremecer. Vuelve al trabajo de la visualización y piensa en qué cosas mejorarías de tu casa. No te dejes nada e inmediatamente apunta tus sensaciones.

Y ahora nuevamente visualiza esa luz roja maravillosa muy brillante, cómo sale de ti y empieza a transformarlo todo. Mira cómo tu casa se transforma en esa casa de tus sueños maravillosa y especial.

Crea cada detalle de ella, recuerda que es tu hogar y debes crearla con especial cuidado. ¿Quiénes son tus vecinos ahora? ¿En dónde está ubicada? No te dejes nada.

A continuación, escribe cada detalle de la casa de tus sueños y termina el ejercicio dando **gracias, gra-**

cias, gracias por permitirte vivir en un lugar tan maravilloso y especial.

En resumen, el amor dentro de tu entorno en todos los sentidos puede pasar desapercibido por tu vida. Sin embargo, tomar conciencia de este puede crear cambios muy favorables en tu camino hacia una crianza y vida feliz.

Sobre todo, el hecho de saber realmente cómo es tu actual entorno, si te gusta y cómo sería tu entorno ideal, es la base para que puedas trabajar en crearlo.

Recuerda que lo que queremos conseguir es fusionar a la mujer que siempre has sido con la mamá que eres ahora, rescatando tu esencia en la cual van tus sueños y anhelos más profundos.

Ser madre es una bendición porque te da una fuerza superior más fuerte que cualquier cosa en este mundo terrenal.

Lograr esta fusión te puede catapultar realmente a la cima del éxito en todos los sentidos, pero de cómo lograr un éxito verdadero te hablaré en el tercer tomo de esta trilogía. Ahí trabajaremos exclusivamente para dar los pasos precisos para llegar a tu objetivo.

Ahora sigamos trabajando en este descubrimiento interior, en conocerte por dentro y por fuera para que puedas detectar todo lo que necesitas transformar.

Recuerda que no solamente quieres ser la mejor mamá del mundo mundial, sino que quieres ser la mejor versión de ti.

CAPÍTULO 7

LO QUE VEO EN EL ESPEJO

Al inicio de este libro te he mostrado la gran herramienta que puede llegar a ser el espejo en tu vida y has podido descubrir que además de servir para ver el reflejo de tu físico, también te es de gran utilidad para observarte más detenidamente permitiéndote aceptarte tal cual eres.

Ahora vamos a hablar de tu espejo interior, ese que traes dentro de ti y que proyecta a los demás quién eres.

Quizá hasta ahora has asumido que si las personas te tratan de alguna manera en concreto es porque es su naturaleza y en gran parte es cierto. Sin embargo, prácticamente el 95 % de la manera en la que las personas nos tratan tiene más que ver contigo misma que con ellos.

Así es, estamos hablando de la famosa "**Ley espejo de Yoshinori Noguchi**".

Supone que aquello que vemos en los demás es lo que estamos proyectando de nuestro interior. De esta manera aquello que vemos en los demás es tan solo un reflejo nuestro.

Así que si tú generalmente sueles rodearte de personas felices es porque tú eres feliz y la vida te muestra en los otros esa felicidad que llevas en tu interior.

Por el contrario, si lo que ves son sentimientos negativos, personas que te "envidian" o te muestran "rechazo" es porque dentro de ti albergan estos sentimientos negativos y por lo tanto hay un cambio que hacer.

Así es que, como diría Jung, **"Lo que niegas te somete y lo que aceptas te transforma".**

¿Qué pasa cuando estos sentimientos negativos los vemos reflejados en nuestros hijos? Pues bien, una **mamá víctima** se sentirá la única persona en el mundo que lo pasa mal con las actitudes de sus hijos, mientras que una mamá superpoderosa sabe que el problema lo tiene ella principalmente y busca una solución.

Todos sabemos que tener hijos pequeños es estar siempre pendiente de lo que puedan necesitar. Muchas veces los niños, en su afán de querer comunicarnos sus inquietudes, intentan llamar nuestra atención de la manera en la que solo un niño o una niña lo saben hacer.

Es decir, "insistentemente", por lo cual tu deberás mantener la calma. Incluso si consideras que debes alejarte un momento y respirar, ¡hazlo!

Tu hijo/a te lo agradecerá toda la vida, aunque en ese momento no sea consciente y probablemente grite más.

Sin embargo, tú habrás tenido ese momento para oxigenarte Recuerda que la respiración es mucho más que nuestra manera de sobrevivir. También nos da una **fuerza** increíble, nos ayuda tanto para bajar niveles de estrés como para activarnos y realizar actividades donde se requiera fuerza y energía.

¿Recuerdas el día de tu parto o cesárea? Estoy segura de que recurriste a la respiración en más de una ocasión y esto es por su poder innegable para potenciar nuestra fuerza interior.

Por ello te insistiré constantemente que te acerques al yoga para que conozcas más sobre sus asanas, respiraciones y obtengas sus grandes beneficios.

En mi caso, procuro siempre iniciar el día realizando esta práctica y culminándola con una meditación que me cargue de energía y vitalidad.

Cada día debemos iniciarlo como si fuera el día más importante de nuestra vida, y es que en realidad lo es.

Porque la realidad es que lo único que tenemos en estos momentos es nuestro presente y debemos disfrutarlo.

Un día entero puede representar esfuerzo, dedicación, disciplina, paciencia… Nunca sabrás a ciencia cierta qué aprendizaje toca trabajar en este día que inicias. Lo que sí sabes es que para poder llevarlo a cabo con éxito es de vital importancia que te prepares.

Tú imagina un deportista que se prepara para una competencia. Imagina que llega ahí después de haber estado los últimos meses levantándose tarde, sin ejercicio, sin trabajar respiración ni relajación. Su fuerza mental estará por los suelos y pretende ganar.

Pues tu cada día compites contigo mismo para ser tu mejor versión, y si no lo inicias con alegría por la vida realizando una práctica física ni meditación, esta competencia la llevas perdida.

Será muy fácil que pierdas los papeles a la menor prueba de paciencia y amor que se te presente.

Una persona que inicia el día con niveles bajos de energía lo termina peor. Ojo. No igual, PEOR.

Pues sí, piensa que te enfrentarás a diferentes pruebas y si no pasas la primera tampoco pasarás las siguientes, lo cual inevitablemente te llevará a sentirte mal contigo misma. ¿Y sabes qué es lo peor? Que no serás consciente de ello ya que con estos niveles bajos de energía el **ego** se siente libre y listo para echar la **culpa** a todo tu entorno menos a ti.

Pero piensa el hacer responsables a los demás de lo que te pasa. ¿De verdad te hace sentir mejor?

Si tú crees que la culpa la tiene tu marido, la que se sentirá peor serás tú misma pues tú lo has elegido como pareja de vida.

Si crees que los culpables de la situación que se te presenta son tus hijos te sentirás maldecida pues creerás que Dios te ha castigado con unos hijos malos y maleducados.

Es decir, estarás dentro de un rol de mamá víctima 100 %.

Si crees que la culpa la tiene tu jefe o tus compañeros de trabajo, te sentirás desgraciada pues pensarás que has tenido tan mala suerte de trabajar en ese lugar y es un castigo.

Así que, si te detienes un momento y lo piensas mejor, es mucho más sencillo para ti reconocer que eres tú quien está enviando esta proyección a los demás.

Imagina tener que cambiar absolutamente todo tu entorno.

Buf, es de locos, ¿no crees? Sin embargo, la vida es mucho más sencilla de lo que parece.

"Si quieres cambiar el mundo, cámbiate a ti mismo"

- Mahatma Gandhi.

Por ello debes encontrar un momento especial en el día para dedicarte a potenciar tu poder rojo. En esta ocasión realizarás un ejercicio sencillo de afirmaciones para llenarte de amor y puedas de esta manera proyectarlo a hacia tu exterior.

EJERCICIO

Nuevamente vamos a trabajar apoyándonos de los grandes beneficios que podemos obtener viéndonos al espejo.

La sociedad como siempre, tan llena de creencias de todo tipo, se ha encargado de relacionar el hecho de gustarnos a nosotros mismos con algo malo. La vanidad no está bien vista, sin embargo, es muy importante ser un poco vanidosa pues eso habla de lo mucho que te amas.

Y no estoy diciendo que a partir de ahora seas la "mamá Narcisa". Recuerda que los excesos en ningún caso son aconsejables.

Pues bien, párate delante del espejo que tengas más a mano o si quieres puedes conseguir un espejo pequeño para llevar en el bolso que puedas traer siempre contigo. Incluso si estás en el trabajo y vas por un momento al baño, puedes llevarlo y realizar estas afirmaciones.

Hay que tener en cuenta que las mamás no llevamos el mismo tiempo que el resto de personas ya que nosotras creamos nuestro propio tiempo a partir de "huecos", pero de esto te hablaré después de realizar el ejercicio.

Ahora mírate en el espejo y repite: **Me amo. Realmente me amo. Me amo y me acepto**. Y seguidamente tu nombre. Un ejemplo sería: **Diany, te amo y te acepto**. Y para finalizar siempre me gusta afirmar con tu nombre "_____cuenta conmigo".

Esto realmente hace que te sientas segura de verdad.

Verás que si realizas este ejercicio continuamente te sentirás amada totalmente ya que empezarás a ver cómo ese amor que te profesas se expande y proyecta hacia tu exterior. De los demás tan solo percibirás un gran amor.

CAPÍTULO 8

MAMÁ CREA EL TIEMPO

Tal y como te comenté anteriormente, un "problema" que todas encontramos es el hecho de imaginar que no tenemos tiempo.

Si bien es cierto que ser madre implica dedicar la mayor parte de nuestro día a nuestros hijos, también es cierto que hay "huecos" (como yo le llamo) en los que puedes realmente sorprenderte de cómo los puedes llegar a disfrutar.

Entiendo que si además de ser mamá trabajas la situación parece desbordarse, pero simplemente "parece".

Lo realmente importante es que seas tú lo suficientemente inteligente para gestionar tu tiempo adecuadamente y en cada espacio brindes calidad.

Recuerda que estoy aquí para abrirte los ojos y ayudarte a potenciar tus superpoderes interiores. Poner excusas y pretextos no está dentro del pensamiento de una mamá superpoderosa.

Si lo que quieres es seguirte lamentando por todo aquello que te hubiera gustado hacer o tener hay muchos blogs y páginas dedicadas a quejarse todo el día de lo VÍCTIMAS que son.

Sin embargo, si lo que quieres es de verdad ser una mujer feliz y realizada para brindarle a tu hijo/a tu mejor versión, y de esta forma bendecirle, entonces continúa leyendo esta trilogía que te aseguro que transformará tu vida entera si aplicas todo lo que aquí te muestro.

Nadie dijo que las cosas fueran fáciles.

Así que veamos cómo soluciona una mamá superpoderosa el hecho de disponer menos tiempo para ella.

Pues bien, tal y como te comenté lo que deberás lograr es crear tu tiempo personal.

Deberás olvidarte del tiempo del resto de personas. Si ellos duermen o se despiertan a una determinada hora, eso no debe ser un problema para ti.

Tú tienes tu tiempo particular.

Deberás ser muy astuta y aprender a **gestionar cada día** de tu vida. Suena mucho más complicado de lo que en realidad es.

Para ello necesitarás una agenda maravillosa o un planificador, con lo que te sientas más cómoda. A mí particularmente me gusta mucho más usar agenda ya que llevo un mejor control con ella.

Pues bien, cada noche antes de dormir apuntarás la manera en la que repartirás tu día.

Cabe destacar que un hueco que no debes menospreciar es aquel que tienes cuando tu hijo/a aún no ha despertado por la mañana.

DIARIO DE LA MAMÁ SUPERPODEROSA

Así es, lo ideal es que si a tu hijo/a lo despiertas a una hora por la mañana tú te despiertes a ser posible una hora antes. De esta manera estarás ganando tiempo para ti.

Lo que queremos conseguir es que seas una mamá realmente poderosa, no una más que tan solo es mamá porque parió un hijo/a y niega su fuerza interior y los superpoderes que le brinda la maternidad.

El diario de la mamá superpoderosa quizá en un principio te parezca una total locura, sin embargo, si lo realizas con convicción se convertirá en tu nueva forma de vida y ahora sí que no habrá nada ni nadie que te pueda parar.

Iniciarás el día despertándote dos horas antes que tu hijo/a y seguidamente practicarás yoga.

Puedes iniciarte trabajando el vídeo de saludo al sol para activar tu poder verde, recomendado en el primer tomo de esta trilogía ya que es una manera muy exprés y sencilla para tener un primer contacto con esta práctica.

Verás al realizarla lo sencillo que es y créeme, querrás más y más.

1.- Colócate sentada en posición **flor de loto** como puedes ver en esta imagen.

Realiza **5 respiraciones profundas** y establece **tu propósito** con los ojos cerrados. Un ejemplo de este puede ser:

Doy la bienvenida a este día que hoy inicio y me preparo para disfrutar de esta práctica de yoga, totalmente abierta a recibir sus múltiples beneficios. Que así sea, así es.

2.- Realiza 2 veces la **secuencia del saludo al sol** que tienes ya en **tu libro anterior** tanto en imágenes como vídeo.

3.- Ahora realiza la postura del **perro boca abajo** durante 1 minuto.

4.- Realiza la postura de **la cobra** 30 segundos, 3 veces.

5.- Descansa en **postura de la montaña** otros 30 segundos, es decir, **de pie** relaja los músculos.

6.- Realiza dos veces **el saludo al sol,** esta vez haciendo 5 respiraciones en cada postura.

7.- Colócate en postura del árbol durante 30 segundos cada lado.

8.- Prepara la postura del **guerrero II** realizando de 5 a 10 respiraciones de cada lado.

9.- Colócate en **postura del triángulo** y realiza de 5 a 10 respiraciones de cada lado.

10.- Prepárate en **postura del puente** y realízalo 3 veces junto con 5 respiraciones cada vez.

11.- Ahora puedes acostarte **boca arriba y relajarte.**

Coloca las palmas de tus manos **sobre tu vientre**, envía todo el aire a la **zona abdominal** y ve poco a poco oxigenando la zona abdominal.

Nota cómo el aire entra y sale cada vez que sientes cómo sube y baja tu vientre.

12.- Ahora puedes ponerte los cascos y escuchar una **meditación guiada** que sea de tu agrado. Yo te recomiendo la del poder verde para que te llenes de vitalidad antes de iniciar el día, aparte de ser muy breve y te llena de energía.

Si estás trabajando algún problema con tu entorno y necesitas reforzar tu poder rosa entonces realiza la meditación rosa. Este es el momento ideal para trabajar las meditaciones.

En Internet hay una cantidad enorme de meditaciones guiadas que puedes encontrar. Busca la que se identifique más contigo y con la cual te sientas a gusto.

13.- Vuelve a sentarte en **flor de loto** y repite el mantra "**om namo bhagavate vasudevaya**".

Aquí su código QR:

Esta secuencia exprés que te comparto es tan solo una manera de que tengas un primer contacto sencillo.

Sin embargo, busca más vídeos o libros para que puedas ir poco a poco subiendo en nivel.

La idea es que realices yoga para que recibas sus beneficios infinitos.

Tú eres libre de escoger. Si lo que quieres es practicar otro tipo de actividad física con la cual te sientas a gusto, bien. Sin embargo, una mamá realmente superpoderosa tiene que practicar yoga.

Como bien sabes, nuestro día a día como mamás puede llegar a requerir niveles altos de paciencia y el yoga nos ayuda a mantener ese equilibrio que necesitamos. Además, verás resultados en tu salud realmente increíbles.

El yoga mejora el sistema inmunológico, aumenta la concentración, reestructura la cintura pélvica después del parto, fortalece los huesos, equilibra las fluctuaciones derivadas del vaivén hormonal, ayuda a gestionar mejor los sofocos, previene el aumento de peso, fortalece la musculatura... Pero, sobre todo, nos otorga PAZ MENTAL.

La duración de tu práctica de yoga deberá ser de unos 45 minutos aproximadamente para que tengas tiempo de realizar tranquila tu meditación guiada (y el mantra que no pasa de 2 minutos).

La idea es que todo esto lo realices en la primera hora que llevas ganada.

La segunda hora restante es para tus hábitos higiénicos, tu arreglo personal y un desayuno ligero.

La ducha después del yoga es un bálsamo y el dedicarte un tiempo para tu arreglo personal es de agradecer.

Sobre todo, recuerda ponerte muy guapa como si ese día supieras que algo muy emocionante va a suceder.

Eso te dará un subidón de energía y vitalidad que beneficiará enormemente tu autoestima. ¡Comprobado!

Si a eso le sumas unas buenas afirmaciones matutinas y un buen café, serás una total Wonder Woman.

¿A poco no se te antoja el plan? Tú puedes lograrlo con fuerza de voluntad y disciplina. Puedes conseguir iniciar tu día de esta manera tan revitalizante.

Con los niños por la mañana nunca se sabe qué tipo de despertar tendrán. Pueden despertar con unas ganas increíbles de ir al colegio o pueden tener mucho sueño y estar totalmente irritables.

Si al despertar se encuentran con una mamá que está radiante y fuerte les ayudarás grandemente a mejorar su estado de ánimo. Si por el contrario se encuentran con una mamá lagañosa, cansada, que tan solo se ha pasado los dedos por el pelo y no ha tenido tiempo ni de tomar agua, muy probablemente lo irritarás más. Tú no estarás fuerte anímicamente y será muy fácil irritarte a ti también.

¿Ves la diferencia?

Así que no esperes más y ahora mismo programa tu alarma de manera que te dé tiempo de realizar todo eso que te encantaría y sabes que te hará sentir bien para iniciar tu día.

Tanto en el primer tomo como en este tienes más de una actividad que puedes elegir para realizar y trabajar.

La idea es que realices todo en la comodidad de tu casa y de esta manera puedas salir de ella preparada para todo el día que te espera.

Una mamá debe estar fuerte no solo físicamente, sino mental y emocionalmente, y el yoga ayuda a conectarte con esa fuerza interior que necesitas.

Y qué decir de la **respiración y meditación**. Esta última es la clave absoluta para lograrlo todo en la vida.

Vamos, yo lo tengo clarísimo.

Me hubiera encantado que desde niña se me hubiera enseñado todo esto. Por suerte, en el caso de mi hija a sus 3 años ya practica yoga, canta mantras y disfruta de la relajación.

Las personas se quejan mucho, pero actúan muy poco.

"Si buscas resultados distintos no hagas siempre lo mismo"

- Albert Einstein.

Como ves, Einstein también lo tenía muy claro. La única manera de conseguir las cosas es hacer un cambio en nuestras vidas.

Seguramente estarás pensando que cómo pretendo que te levantes más temprano si muy probablemente has dormido 3 horas o menos porque tu hijo/a tuvo fiebre toda la noche.

Primero que nada, déjame decirte que esos casos son puntuales y son pensamientos de **mamá víctima.**

Aquella "pobrecita" que se sacrificó.

Yo no menosprecio tu "sacrificio", pero simplemente le llamaría que tuviste una oportunidad de **ser útil** a tu hijo/a usando tu poder sanador, cuidándole durante la noche y esto debe hacerte sentir aún más fuerte.

Así es, si tú te miras a ti misma como víctima de las circunstancias todo el tiempo lo serás. Deja ya de darte lástima.

Reconoce tu poder. Debes despertar orgullosa de tu trabajo como madre y da igual si has dormido 3 horas o nada.

Dios te ha dado hoy una nueva oportunidad de empezar el día, estás viva.

Ve y haz todo lo que quieras hoy, mañana puede ser tarde.

Ahora bien, por supuesto que, si llevas una semana pasándolo muy mal porque tu hijo/a o tú misma habéis estado enfermos o x motivo por el cual no habéis dormido bien, pues tienes todo el derecho de tomarte un par de días de descanso, pero más NO. Tan solo un par de días de descanso y respirar fuerte para volver al ruedo.

Esto sobre todo si estás al inicio de esta aventura en el camino de convertirte en poderosa.

Crear hábitos nuevos es posible. Sin embargo, no es sencillo pues tendemos a **volver a los antiguos hábitos** con gran facilidad. Por ello, si tienes una recaída y un día te quedas dormida por lo que sea no te desanimes.

Incorporar un hábito es una **habilidad que se desarrolla con el tiempo**. Cada persona tiene habilidades diferentes y además cada hábito puede ser más simple o más complejo que otro.

Ponte una meta, realiza esto **durante 21 días**. Cuando hayas llegado tómate una foto con el *hashtag* #lossuperpoderesmfe y escribe: **SOY UNA MAMÁ DE RETOS**.

Recuerda que, si yo puedo, tú también puedes, ¡así que espero ansiosa ver tu foto campeona!

Es muy probable que en un principio pueda tomarte más tiempo y dedicación, pero conforme pasa el tiempo el proceso de formar nuevos hábitos se vuelve más rápido y fácil.

Una técnica que puede ayudarte es aprender como niños y niñas, con castigo y recompensa. Es decir, que puedes darte una **recompensa pequeña** cada día por haberlo logrado. Escoge algo sencillo que te guste. Date un regalo al finalizar una semana lograda. Acude al cine o cómprate aquel libro nuevo que te interesa tanto. ¿Qué te gusta?

¡Consiéntete!

Aunque créeme que, si haces lo que te digo, no necesitarás más recompensa que la satisfacción que te produce el hecho de que cuando despiertas a tu hijo/a tú ya estás realizada.

Déjame decirte que cuando más cansada estés, más agradecerás haberte levantado temprano y activarte. Ya que como te he estado reiterando el hecho de activar tus poderes, cualquiera que estés trabajando en la actualidad te hará mejorar muchísimo tu estado de ánimo y vitalidad. ¡Comprobado!

Si pones atención, las mujeres más exitosas del mundo siempre enfrentan grandes dificultades cuando peor se sentían.

De estas mamás exitosas y de cómo consiguieron llegar al éxito hablaremos en el tercer tomo "Mamá brilla con luz propia". Pero ahora necesito que tengas claro que esto que ahora ves como un sacrificio puede llegar a ser **tú mayor premio**.

Y es que tan solo piensa, ¿recuerdas aquel momento cuando eras una niña pequeña y sabías que al día siguiente sería un día especial porque irían a la playa, al zoo, al acuario, a una fiesta o de viaje, etc.?

Pues bien, ¿recuerdas esa emoción y no poder siquiera conciliar el sueño porque eso realmente te daba mucha ilusión?

Déjame decirte que, si tú programas una noche antes tu alarma y te levantas temprano a iniciar tu día como una mamá poderosa, te despertarás feliz e ilusionada sabiendo que es tu momento.

Créeme que cambia mucho escuchar la alarma que te anuncia toca llevar a los niños al cole e irte a trabajar a la alarma que te anuncie **"despierta, es tu momento de brillar"**.

El primer día probablemente te despertarás desconfiada, sin saber si deberías seguir durmiendo, soñando en que te conviertes en una supermamá rascándote el ombligo.

Sin embargo, tienes dos opciones. La primera es seguir como hasta ahora, levantándote sin nada que te motive y totalmente dependiente a como reaccionen los demás contigo, culpabilizando a todo tu entorno por no tener "tiempo".

Es decir, desempeñando tu querido y apreciado papel de mamá víctima o bien arriesgarte, intentarlo y cambiar tu vida por completo en una vida plena y maravillosa. ¡Tú decides!

Ahora sigamos viendo **el diario de una mamá poderosa**. Ya has tenido la oportunidad de conocer **cómo se inicia la mañana** y es tu turno de hacerlo.

Probablemente creas que una vez ha despertado tu hijo/a ya no tienes ningún "hueco" más libre.

Pero eso no es así. La realidad es que tal y como te comenté anteriormente, las mamás superpoderosas tienen un tiempo totalmente diferente al que tienen las que son tan solo una mamá más.

Así que a partir de que ya tienes a tu hijo/a despierto/a. Obviamente inicias tu papel más importante del día, que es preparar con amor y cariño cada detalle que necesite para ir al cole. Recuerda transmitirle seguridad en casa para que al llegar al colegio lo pueda reflejar.

Lo siguiente que deberás hacer durante tu día de mamá poderosa será muy probablemente **llevar a tu hijo/a al colegio**.

Si acudes en el coche a llevarlos, aquí tienes otra oportunidad breve pero efectiva de dedicarte.

Lleva preparado un CD o USB con **canciones** que suban tu vibración. Recuerda que para ello deben ser canciones alegres y motivadoras. No vayas a poner nada que te haga sentir alguna emoción diferente a la felicidad.

Por ello, **evita** activar tan solo la radio y dejar cualquier estación al azar. Aquí tú **no controlas la situación** y estarás dejando libertad de influencia en lo que escuches.

Un ejemplo, intenta no escuchar noticias ya que tan solo bajarán mucho tu estado de ánimo y te llenarán la mente de cosas que ahora mismo no te sirven.

Tú debes ser el cambio que quieres ver en el mundo, así que toma el control de la situación y selecciona con cuidado la primera información que entrará a tu mente de buena mañana.

"La felicidad no depende de lo que tienes o de quien eres, solo se basa en lo que piensas"

- Buda.

Recuerda que la **palabra es creadora.**

Una vez ya vas de camino al trabajo, si es que lo haces fuera de casa, puedes empezar a realizar afirmaciones en el camino de viva voz sin ningún tipo de audio.

A continuación, te compartiré dos distintas afirmaciones que puedes realizar en este transcurso.

Unas son afirmaciones especiales para **conducir el coche** y la otra son para iniciar tu **jornada laboral** de manera superpoderosa.

Si lo deseas puedes alternar iniciando una al entrar al trabajo y la otra al salir.

Ejemplo:

Vas de camino al trabajo e inicias las afirmaciones de **jornada laboral** y al salir del trabajo empiezas a realizar las afirmaciones **para la conducción.** O bien puedes alternarlas en diferentes días, ¡como tú prefieras!

¡Vamos allá!

AFIRMACIONES PODER ROJO CONDUCCIÓN

- ⭐ Bendigo mi coche y le agradezco su utilidad.
- ⭐ Soy una excelente conductora.
- ⭐ Siempre me encuentro en mi camino excelentes conductores.
- ⭐ Bendigo el camino que recorro.
- ⭐ Todos los que ahora mismo vamos en coche llegaremos a nuestro destino sanos y salvos.

GRACIAS, GRACIAS, GRACIAS.

AFIRMACIONES PODER ROJO PARA EL TRABAJO

 Bendigo la empresa en la que trabajo.

 Mis jefes y mis compañeros me respetan y yo a ellos.

 Mis compañeros y jefes valoran mi trabajo y lo agradecen.

 Con mi presencia lleno de luz mi trabajo y doy lo mejor de mí.

 Realizaré mi trabajo de manera efectiva y eficiente.

 Soy la mejor… "coloca aquí la profesión que realices".

 Gracias, gracias, gracias.

Estas tan solo son unos pequeños ejemplos. Tú puedes crear tus **propias afirmaciones** más personalizadas y no te preocupes si al principio no se te ocurre nada.

Verás que, si las realizas de manera constante empezarán a fluirte solas, ya que una vez empieces a ver los resultados lo harás cada vez con más fe y esto hará que le inyectes más **emoción.**

Una vez estés conectada con esa emoción del momento podrás ir decretando cosas positivas y especiales para cada uno de tus días.

Lo importante es que las realices cada día y conviertas de las afirmaciones un **hábito**, ya que lo que debes conseguir es que tu mente comience a crear pensamientos positivos.

No es sencillo, pues tenemos unos **50.000 pensamientos al día** y la mayoría **son negativos**, repetitivos o del pasado.

Sin embargo, si eres **constante** mejorarás paso a paso y el **reflejo en tu espejo** será día con día mucho más **agradable.**

"Una afirmación es realmente todo lo que dices o piensas. Mucho de lo que normalmente decimos y pensamos es bastante negativo y no crea buenas experiencias para nosotros. Tenemos que reeducar nuestro pensamiento y hablar en patrones positivos si queremos cambiar nuestras vidas"

- Louise Hay.

Una vez ya has llegado a tu trabajo disfruta de este momento.

Esta es tu oportunidad de **realizarte profesionalmente.**

Existen trabajos más absorbentes que otros y de todo esto ya hablaremos más detalladamente en el tercer tomo de esta trilogía, en el cual te ayudaré a descubrir tu verdadero **propósito y misión de vida** para que des un paso más allá y seas no solo una mamá superpoderosa, sino también una mujer realizada y feliz.

Pero vamos poco a poco. Ahora lo importante es que tú vayas tomando el **control de tu vida,** encaminándola a tu beneficio y por consiguiente el de todo tu entorno.

Tu trabajo no tiene ni debe ser un lugar de estrés, todo lo contrario. En este tienes la enorme oportunidad de destacar en lo que sea que realices. Es igual, te repito, si este es de momento tu propósito de vida o no. Todos los trabajos tienen su importancia y debes estar agradecida de tener el conocimiento y aptitud para sacarlo adelante, así como la oportunidad de realizarlo.

Recuerda que vas a dar un servicio porque eres buena en ello y a cambio de tu ayuda recibes una retribución económica que además te bendice. Así que acude agradecida y crece en tu trabajo sin límites.

Ahora bien, es probable que tu baja vibración del pasado te haya colocado en su momento en un trabajo donde la mayoría de personas vibran bajo. ¿Cómo lo detectarás? Pues bien, una vez estás en proceso de despertar de consciencia empiezas a ser más sensible a los comentarios negativos o quejas del resto.

Empezarás a alterarte cuando veas que una persona de tu alrededor aún está dormida y usa un vocabulario lleno de quejas o de pensamiento pobre.

Esto muchas veces desgasta a los trabajadores, pues deben de igual manera seguir tratando día con día con este tipo de situaciones.

O bien, si tu trabajo tiene que ver con atención al cliente, es probable que alguno de ellos te pueda llegar a alterar.

Por lo cual será importante que sigas aprovechando tu tiempo totalmente a tu favor.

Por ello, cuando tengas la oportunidad de ir por ejemplo "al baño" aprovechas aquí también para respirar y recordarte a ti misma que todo está bien y que todo es perfecto.

Estos son pequeños espacios que a la larga agradecerás. Si por el contrario a tu momento de desconexión te vas con un pensamiento negativo, volverás aún mucho más indefensa para enfrentarte al aprendizaje.

Recuerda que esos huecos que estamos buscando para que trabajes en ti misma son tu manera de recargarte para que de esta manera puedas mantenerte fuerte durante el resto del día.

Incluso tan solo con que realices un par de respiraciones profundas notarás mucho la diferencia.

¡Compruébalo!

Poco a poco has ido viendo la manera en la cual una mamá superpoderosa va trabajando y amándose a sí misma durante el día.

Si tú no acudes a un trabajo fuera de casa, entonces de igual manera que te repartes las tareas del hogar vas dejando espacios para trabajar contigo misma. Con cinco minutos que te vayas dedicando durante el día empezarás a notar la diferencia.

Ahora bien, deberás evitar ir con "prisas imaginarias"

Es decir, huye de lo que yo llamo **"complejo del conejo de Alicia"**.

Esas personas a las que siempre **se les hace tarde** sin importar si se despiertan temprano o tarde. Siempre traen la prisa encima.

Estas personas realmente traen una **prisa imaginaria** que únicamente les está robando su tiempo. No disfrutan del presente porque viven en una constante prisa interminable. Suelen ser personas que le dan mucho valor al que pensarán los demás si llegan tarde y a eso le agregamos que miran el vaso medio vacío.

Es decir, que son personas negativas que siempre creen que algo malo puede ocurrir de no llegar "temprano".

Lo pasan realmente mal, pues se enfocan tanto en el futuro que tiran a manos llenas su presente.

Por ello hoy en día está tan de moda el "Mindfulness" del cual ya te hablé en el primer tomo y sin duda esto puede ser para ti una gran ayuda para no caer en las garras de este complejo.

Una supermamá es puntual ya que **respeta** a las personas de su entorno, valora su tiempo y no le gusta afectar a los demás.

Pero es un hecho que vivir en una constante preocupación por llegar inmediatamente a otro lugar no te permite vivir tu vida con plenitud.

Así que, como siempre, recordemos no pasar límites.

Si ya sabes que has salido de casa a la hora acostumbrada, ve tranquila. No pasa nada porque te toquen todos los rojos del semáforo o porque la maestra de tu hijo/a te entretuvo con las mil y una cosas que te hace falta llevar al colegio.

Todas son únicamente **pruebas** que se te presentan para valorar tu paciencia. Así que mejor intenta disfrutar del camino, escucha música agradable o bien aprovecha para entablar una conversación con tus hijo/a si ya le has ido a buscar al colegio.

Este momento es para ellos un momento muy importante.

Tienen muchas ganas de explicar todo lo que les ha pasado durante el día, así que incluso puedes bajar el volumen a la radio y aprovechar para hacerle preguntas y felicitarle por sus logros del día.

Si vas sola pues entonces súbele al volumen, canta si quieres. ¿Qué harías si fueras una niña? Pues eso, olvídate de ir siempre con la presión impuesta para los adultos.

Todos en el fondo tan solo queremos ser felices.

En el diario de una mamá superpoderosa recuerda consumir alimentos sanos y ofrecerlos a tu familia.

Dependiendo del tipo de jornada que realices y de la etapa en la que tu hijo/a se encuentre, te encontrarás en un horario totalmente diferente.

Recuerda que esto que te muestro es como una plantilla a seguir, tan solo es un ejemplo de cómo puedes ir encontrando **espacios** importantes durante tu día a día.

Quiero que tomes consciencia de que cada momento de tu vida, por breve o sin importancia que parezca, realmente es solo una **percepción** tuya. Tú puedes crear tu tiempo totalmente a tu gusto y a tu favor.

El tiempo es lo más **valioso** que tenemos **en nuestra vida**. Cada segundo es de mucho valor pues no volverá a repetirse jamás.

Lo mucho o poco que tú puedas obtener de cada instante tan solo dependen de ti, de tus ganas de ser feliz, de tus ganas de brindarle a tu hijo/a la mejor mamá que puede tener.

Tú tienes en tus manos la pócima mágica para cambiar tu destino por completo.

Tú puedes crear cada instante en el sendero de la maternidad y de tu vida en un instante realmente importante, ya que crecer mentalmente y espiritualmente te hará mucho más fuerte.

Yo te invito, querida lectora, a que **abras tu mente a la verdad**. El verdadero sentido de la vida lo tienes delante de ti. Obsérvale y permítele que te bendiga.

Las batallas a las que nos vamos enfrentando cada día esconden un mensaje. Intenta estar atenta porque no se repiten.

Por ello, usa tu astucia para adaptar tu tiempo a tu favor hoy, mañana y siempre.

¿Qué pasa con las tareas de la casa?

En caso de que no seas ama de casa, las tareas de la casa las realizarás volviendo del trabajo.

No quieras hacerlo todo en un momento ni todo tu sola.

Recuerda que tienes un "equipo" en casa. Ya hablamos anteriormente de esto y nos enfocamos únicamente en el hecho de que intentes mantener **acuerdos** con el padre de tu hijo/a.

Ahora ha llegado el momento de ver cómo este equipo también es de utilidad para el hogar ya que caminar en una misma dirección implica compromiso en todos los sentidos.

Así pues, será de vital importancia nuevamente que identifiques tu equipo (quién o quiénes lo forman en caso que vivas con más familiares en casa).

Lo que deberás lograr es realizar una repartición de tareas organizada de manera armoniosa.

Atrás han quedado esos tiempos en los que la mujer era la única que se encargaba de las cosas del hogar.

Está demostrado que tanto hombres como mujeres somos suficientemente aptos para la realización de cada una de ellas.

Por ello, de entrada no discrimines y no vayas a menospreciar la ayuda que te pueda ofrecer tu marido o tus hijos.

Cada uno de ellos realizará las cosas a su manera. Tu podrás en un determinado momento, si lo crees realmente necesario, hacerles una pequeña observación de cómo crees que se podría mejorar.

Sin embargo, procura hacerlo de una **manera asertiva.**

Si tú le dices de mala manera a tu marido o a tus hijos que cierta cosa no la han realizado bien, muy difícilmente querrán colaborar la siguiente vez, además de que les harás sentir mal.

Un ejemplo: tu marido lava los platos, pero no coloca los cubiertos como a ti te gusta colocarlos.

Una buena manera sería decirle "Cariño, lo has hecho fabulosamente bien, agradezco tu apoyo con los platos pues así he podido darme una buena ducha. ¿Sabes? Yo suelo poner los cubiertos de esta manera, la próxima vez si me haces el favor de ponerlos así me vendría mucho mejor".

Como puedes ver, le estás haciendo ver que le agradeces su ayuda y le explicas de manera amable tu petición.

Se trata de que parezca una petición o un favor, no una queja.

Lo mismo con tus hijos. No es lo mismo que le digas "María, has recogido muy mal los juguetes. Mira, todo está revuelto".

La niña podrá sentirse mal porque sentirá que no ha colaborado correctamente y además tendrá muy pocas ganas de realizarlo la siguiente vez.

Sin embargo, si se lo pides con asertividad "María, hija, te felicito por tu gran esfuerzo recogiendo los juguetes" o "Eres una niña muy ordenada, ¿qué te parece si la siguiente vez que los recojas probamos de ponerlos por categorías?". Y si es muy pequeño/a le explicas muñecas aquí, piezas de construcción en la caja verdes, etc.

No menosprecies su comprensión jamás.

Pues bien, las tareas en casa se reparten de manera civilizada.

Una excelente idea es realizar una pequeña reunión o charla en la cual cada uno de los integrantes exprese qué cosa de la casa se le da mejor.

Un ejemplo. Quizá a tu marido se le dé muy bien cocinar y prefiera ser él quien se encargue de las comidas mientras que tú te encargas de la ropa y los niños (o bien hoy en día poner una lavaplatos o una lavadora de ropa es muy sencillo).

Quizá tu marido prefiera ayudarte con esto mientras tú realizas las comidas. Todo es cuestión de que os pongáis de acuerdo y juntos encontréis una manera organizada y armoniosa de realizar las tareas domésticas.

La idea es que los integrantes del equipo se sientan a gusto colaborando sin sentir una carga.

Verás que de esta manera cuando te toque realizarlo lo harás tranquila, sabiendo que es la parte que te toca para colaborar. Y ya no te sentirás **"la sirvienta de la casa que no cobra"**, típica frase de la "mamá víctima".

Recuerda que el momento de la repartición sea un momento agradable en el cual todos los integrantes expresen sus ideas. Activa tu poder rosa empático para entender los diferentes puntos de vista.

Verás que la organización familiar te bendice.

Pues bien, una vez solucionado esto, verás que ahorras tiempo y esfuerzo para dedicar a tu hijo/a. Intenta pasar un rato con él o ella. Juega como si fueras una niña más.

Los niños nos brindan la oportunidad de ser nosotros mismos en total libertad. Disfrútalos al máximo ya que recuerda que mañana puede ser tarde.

Jugar con tu hijo/a no tiene por qué suponerte un estrés, todo lo contrario. Es un momento para que te relajes y disfrutes de lo más bello que Dios te ha dado; tu familia.

Pueden incluso jugar todos juntos.

En mi caso, disfrutamos jugando a practicar yoga con un juego de mesa maravilloso. Así nos divertimos todos juntos mientras además obtenemos beneficios. ¿Qué más puedes pedir?

Además, existen una gran variedad de juegos que podéis realizar en familia, así que como ves es algo que debes integrar a tu día ya.

El hecho de que ambos padres participéis en el juego, por lo menos un día a la semana, es beneficioso para fortaleceros como familia.

Y es que, a final de cuentas, lo que realmente te vas a llevar antes de morir serán estos momentos vividos.

No los dejes escapar y saca a tu día el mayor rendimiento posible.

Recuerda que, si yo puedo, tú también puedes.

Llega la noche. Primero que nada, lo más recomendable será que realices tu rutina normal para que el niño/a se duerma y una vez se haya dormido entonces inicias tu ritual de la noche.

Tu ritual de noche es aquel que ya debiste haber personalizado a tu gusto en el capítulo de amor propio, en el cual hablamos de tu autocuidado y te mostré un ejemplo de cómo podrías realizarlo.

Si aún no lo has hecho, no pierdas más el tiempo. Diséñalo y practícalo esta misma noche.

Sobre todo, recuerda que es importante que lo realices una vez tu hijo/a se haya dormido.

De esta manera, lo realizarás de una manera tranquila y en caso de que tu hijo/a se despierte por la noche tú estarás preparada.

¡EQUIPO CANGURO ESTRELLA

Habrá días puntuales en los que necesites quizá ir al dentista, la peluquería o simplemente quieres ver a una buena amiga.

Dedicar unas horas a la semana para hacer lo que a ti te gusta o para relajarte puede hacer grandes diferencias. No solo en tu papel como mamá y en general el trato con tu familia, sino contigo misma.

Pues bien, será importante que cuentes con tu **equipo "canguro estrella"**. ¿Lo tienes ya?

A lo que quiero llegar es que muchas veces queremos como mamás ser totalmente autosuficientes y eso está muy bien.

"Dios da las peores batallas a sus mejores guerreros". ¿Has escuchado esta frase alguna vez?

Esta frase lo que realmente significa es que las cosas que se te presentan no son más grandes que tú misma.

Por ello es cierto que tú podrías arreglártelas tranquilamente sin necesidad de pedir ayuda.

El **equipo canguro estrella** probablemente lo encabecen los abuelos o los tíos, etc.

Dentro de este equipo deberás incluir personas con **alto nivel de confianza**. Recuerda que dejar a los hijos con familiares no garantiza que estén seguros.

Entre un 10 y un 20 % de la población en España ha sufrido algún tipo de abusos sexuales en su infancia por algún **familiar.**

Es muy triste, sin embargo, por ello debes seleccionar cuidadosamente a las personas que dejas con ellos. Observa el tipo de actitudes que las personas tienen con ellos.

Este equipo debe ser reducido, exclusivo y deben ser personas que te transmitan tranquilidad. Que cuando tú marches te vayas agradecida de que personas así están a tu lado.

De la importancia de pedir ayuda y de agradecerlo ya lo hablamos en el primer tomo. Repásalo si deseas recordar lo mal que se puede llegar a pasar si no se tienen personas que te ayuden.

Por ello, si eres de las afortunadas que tiene un excelente equipo canguro estrella bendíceles hoy y siempre.

Así que recuerda, debes pedir ayuda, pero no a cualquier persona ya que les estarás encargando a tu más preciado tesoro.

Sobre todo, no abuses. Una mamá superpoderosa no deja a sus hijos todo el día con sus padres o suegros.

Ellos estarán encantados de ayudarte, pero no son los padres. Ellos ya cumplieron en su momento con educar y cuidarte a ti o a tu marido, en caso de que sean tus suegros.

De hecho, el pediatra Carlos González señaló en su libro *Un regalo para toda la vida* que, después de los padres y antes que la guardería, la mejor opción sin duda es recurrir a los abuelos.

Sin embargo, hay padres malinterpretan esto y abusan de la situación.

Los abuelos ya hicieron sus deberes como padres de manera insustituible en su día con sus hijos, y ahora ellos ya no pueden ni deben sustituir a sus hijos en su nueva función de padres.

Lo peor es cuando encima los chantajean, insinuando que si no quieren hacerse cargo de todo es que no quieren a sus nietos.

Definitivamente una mamá superpoderosa está muy lejos de esto. Ella sabe que los abuelos están para disfrutar de los nietos, no para hacer de "padres".

Estos niños crecen con un agradecimiento grande por los abuelos, pero con un rencor imperdonable hacia los padres.

Te cuento. Una vez tuve la oportunidad de conversar con una mujer muy joven, hija única y con sus padres vivos, pero sus abuelos habían fallecido hace muy poco.

Ella me comentó muy tranquila que con sus padres no se entendía y que no sentía el menor cariño por ellos, pues quienes realmente habían sido sus padres eran los abuelos.

Estaba devastada y al mismo tiempo muy confundida pues se daba cuenta de que a sus padres no les tenía cariño.

Esto para mí fue realmente muy impactante de escuchar, pues en mi caso mis padres tienen un lugar único en mi corazón y no podría ver a nadie más como los veo a ellos. Yo tuve la oportunidad de ver a mis abuelos como a abuelos y mis padres como lo que son.

Por lo cual, pedir ayuda está bien, pero abusar dejando a otros miembros de la familia desempeñar roles que te tocan a ti, no.

Cuando el placer de disfrutar de tus nietos se convierte en una obligación o chantaje, puede llegar a considerarse maltrato doméstico en toda regla.

Esto puede suponer para ellos un estrés que no toca. La naturaleza es sabia y nos da la posibilidad de convertirnos en padres a una edad temprana cuando tenemos fuerza y energía para llevarlo a cabo.

El hecho de darles a ellos obligaciones de este tipo puede llegar a generar síntomas médicos inequívocos de estrés e incluso ansiedad por agotamiento y sobreesfuerzo por este hecho.

Así que no te equivoques. La mamá eres tú, no tu madre ni tu suegra.

Una mamá superpoderosa por ello se prepara mentalmente para estar fuerte y dar lo mejor de sí misma. No lo olvides.

CAPÍTULO 9

LA CLAVE

Como has podido ver hasta ahora, ser mamá no es obstáculo para realizarte plenamente como mujer.

Hasta ahora te he mostrado diferentes estrategias para que puedas potenciar tu **poder rojo** amoroso y practiques el amor en todas sus formas, empezando por el amor hacia ti misma ya que recordemos que no podemos dar aquello que no tenemos.

También ya has visto diferentes maneras para crear espacios para entrenarte y obtener una **fuerza interior** más elevada.

Pero, sobre todo, has podido tomar consciencia que la verdadera clave de una mamá superpoderosa se debe a encontrar ese **equilibrio** entre la mujer y la mamá.

Así que trabaja en conseguir esta **fusión** y deja de buscar excusas de **mamá víctima** que no te llevan a ningún lado.

Debes tener presente que tan solo tienes una sola oportunidad en esta vida con tu nombre y apellido. El tiempo pasa muy rápido y mañana puede ser muy tarde.

ELLA QUE NUNCA FUE ELLA

¿Has escuchado la canción "Ella que nunca fue ella" de la cantante Gloria Trevi? Si no la has escuchado consíguela y ponle atención a la letra. Narra la historia de una mujer que creció dándole gusto a todo el mundo menos a ella, un día abrió los ojos y decide actuar para cambiar las cosas, pero decide que empezará su cambio "mañana" y tal como dice la canción "El mañana nunca llegó".

Es fuerte, pero es real. ¿Cuántas mujeres que nunca fueron ellas conoces? Tristemente es tan solo con que observes con atención y estarán presentes en todo tu entorno. Es muy poco el porcentaje de mujeres que deciden ser madres siendo fieles a la mujer que alguna vez fueron o deseaban ser.

Cuando vivía en México tuve una vecina que quedó viuda muy joven con sus dos hijos. Volcó su vida entera en ellos y jamás dedicó tiempo para rehacer su vida en ningún sentido.

Un día platicando con ella, le comenté que debería estar muy orgullosa porque sus hijos eran unos chicos de bien y que ella había hecho un gran trabajo.

Sin embargo, ella de pronto hizo un espacio de silencio a lo que le siguieron unas lágrimas que empezaron a caer de sus ojos diciéndome:

—Diany, ahora que estoy sola no sé por dónde empezar.

Mi vecina había pasado toda su vida viviendo la vida de sus hijos tanto tiempo que había olvidado quién era ella.

No tenía idea siquiera qué cosa le gustaría hacer, pues se había olvidado ya tanto tiempo que no recordaba sus gustos. Ella había vivido tan solo por ellos y para ellos.

Muchas mujeres como mi vecina pasan **20, 25 o más** años dedicadas totalmente a sus hijos dejando de lado esa mujer que en realidad son. Sin embargo, esto es perjudicial pero no se detecta pronto, sino a la larga, cuando los hijos crecen y hacen su vida.

La tan famosa etapa del **"nido vacío"** en la cual estas mamás se han olvidado (o papás incluso) que también cometen este error de **olvidarse de sí mismos**. Entonces es cuando en medio de esta soledad se dan cuenta de que la vida de sus hijos ha sido una misión muy importante, pero que la primera misión que debían cumplir era la de amarse a sí mismos.

"Los padres no morirán por los hijos, ni los hijos por los padres. Cada uno morirá por sus pecados"

- Deuteronomio 24:16.

Las mujeres y la sociedad nos hacen creer que ser mamá es nuestro nuevo nombre. Y no es verdad, tú eres y sigues siendo la mujer y la mamá. No se resta, se SUMA.

Por lo que la pregunta es: ¿cuánto más vas a esperar para verte a ti al espejo, para reconocerte y para descubrir tus necesidades, sueños y motivaciones?

Camina con fe certera hacia el camino de tu total transformación.

Por eso, querida lectora, debes entender que ser una "buena mamá" está muy bien, pero ser una **mamá y mujer superpoderosa** que lucha por sus sueños es mucho mejor.

Para ello, he creado para ti un tercer paso que te catapultará hacia el éxito ya que te mostraré que puedes brillar con la luz más resplandeciente que existe.

Tu luz propia.

Así que adquiere el siguiente y último tomo de esta trilogía totalmente transformadora que te hará reflexionar y ver un paso más allá de tu papel como madre.

Porque una mamá superpoderosa no nace, se hace.

Recuerda que, si deseas saber más sobre cómo trabajar tu **poder rojo** o alguna cosa no te ha quedado del todo clara, puedes obtener una sesión privada conmigo totalmente gratuita vía online. Así que entra ya mismo a **www.dianypeñaloza.com** y dale **clic** en "**quiero mi sesión gratuita**".

Podrás enterarte más sobre mis conferencias y talleres para que puedas venir. Te esperaré encantada para ayudarte a convertirte en una mamá super mega poderosa.

SÍGUEME EN MIS REDES SOCIALES

 DianyPeñaloza

 DianyPeñaloza

 DianyPeñaloza

 www.dianypeñaloza.com

www.ingramcontent.com/pod-product-compliance
Lightning Source LLC
Chambersburg PA
CBHW031953080426
42735CB00007B/377